Rainer Maria Rilke
Schöne Liebesgedichte

RAINER MARIA RILKE

Schöne Liebesgedichte

marixklassiker

Liebes-Lied

Wie soll ich meine Seele halten, dass
sie nicht an Deine rührt? Wie soll ich sie
hinheben über Dich zu andern Dingen?
Ach gerne möcht ich sie bei irgendwas
Verlorenem im Dunkel unterbringen
an einer fremden stillen Stelle, die
nicht weiterschwingt, wenn Deine Tiefen schwingen.
Doch alles, was uns anrührt, Dich und mich,
nimmt uns zusammen wie ein Bogenstrich,
der aus zwei Saiten *eine* Stimme zieht.
Auf welches Instrument sind wir gespannt?
Und welcher Spieler hat uns in der Hand?
O süßes Lied.

Rainer Maria Rilke

Warst Du's, die ich
im starken Traum umfing

Warst Du's, die ich im starken Traum umfing
und an mich hielt – und der ich mit dem Munde
ablöste von der linken Brust ein Ding,
ein braunes Glasaug wie von einem Hunde,
womit die Kinder spielen …, oder Reh,
wie es als Spielzeug dient? – Ich nahm es mir
erschrocken von den Lippen. Und ich seh,
wie ich Dir's zeige und es dann verlier.
Du aber, die das alles nicht erschreckte,
hobst Dein Gesicht, als sagte das genug.
Und es schien schauender, seit die entdeckte
geküsste Brust das Auge nicht mehr trug.

Das Lied der Witwe

Am Anfang war mir das Leben gut.
Es hielt mich warm, es machte mir Mut.
Dass es das allen Jungen tut,
wie konnt ich das damals wissen.
Ich wusste nicht, was das Leben war –,
auf einmal war es nur Jahr und Jahr,
nicht mehr gut, nicht mehr neu, nicht mehr wunderbar,
wie mitten entzwei gerissen.

Das war nicht Seine, nicht meine Schuld;
wir hatten beide nichts als Geduld,
aber der Tod hat keine.
Ich sah ihn kommen (wie schlecht er kam),
und ich schaute ihm zu wie er nahm und nahm:
es war ja gar nicht das Meine.

Was war denn das Meine; Meines, Mein?
War mir nicht selbst mein Elendsein
nur vom Schicksal geliehn?
Das Schicksal will nicht nur das Glück,
es will die Pein und das Schrein zurück
und es kauft für alt den Ruin.

Das Schicksal war da und erwarb für ein Nichts
jeden Ausdruck meines Gesichts
bis auf die Art zu gehn.
Das war ein täglicher Ausverkauf
und als ich leer war, gab es mich auf
und ließ mich offen stehn.

Rainer Maria Rilke

Zum Einschlafen zu sagen

Ich möchte jemanden einsingen,
bei jemandem sitzen und sein.
Ich möchte Dich wiegen und kleinsingen
und begleiten schlafaus und schlafein.
Ich möchte der Einzige sein im Haus,
der wüsste: die Nacht war kalt.
Und möchte horchen herein und hinaus
in Dich, in die Welt, in den Wald.
Die Uhren rufen sich schlagend an,
und man sieht der Zeit auf den Grund.
Und unten geht noch ein fremder Mann
und stört einen fremden Hund.
Dahinter wird Stille. Ich habe groß
die Augen auf Dich gelegt;
und sie halten Dich sanft und lassen Dich los,
wenn ein Ding sich im Dunkel bewegt.

Die Stille

Hörst Du, Geliebte, ich hebe die Hände –
hörst Du: es rauscht ...
Welche Gebärde der Einsamen fände
sich nicht von vielen Dingen belauscht?
Hörst Du, Geliebte, ich schließe die Lider,
und auch *das* ist Geräusch bis zu Dir.
Hörst Du, Geliebte, ich hebe sie wieder ...
... aber warum bist Du nicht hier.

Der Abdruck meiner kleinsten Bewegung
bleibt in der seidenen Stille sichtbar;
unvernichtbar drückt die geringste Erregung
in den gespannten Vorhang der Ferne sich ein.
Auf meinen Atemzügen heben und senken
die Sterne sich.
Zu meinen Lippen kommen die Düfte zur Tränke,
und ich erkenne die Handgelenke
entfernter Engel.
Nur die ich denke: Dich
seh ich nicht.

Rainer Maria Rilke

Du wirst nur mit der Tat erfasst

Du wirst nur mit der Tat erfasst,
mit Händen nur erhellt;
ein jeder Sinn ist nur ein Gast
und sehnt sich aus der Welt.

Ersonnen ist ein jeder Sinn,
man fühlt den feinen Saum darin
und dass ihn einer spann:
Du aber kommst und gibst Dich hin
und fällst den Flüchtling an.

Ich will nicht wissen, wo Du bist,
sprich mir aus überall.
Dein williger Evangelist
verzeichnet alles und vergisst
zu schauen nach dem Schall.

Ich geh doch immer auf Dich zu
mit meinem ganzen Gehn;
denn wer bin ich und wer bist Du,
wenn wir uns nicht verstehn?

Das Volkslied

Es legt dem Burschen auf die Stirne
die Hand der Genius so lind,
dass mit des Liedes Silberzwirne
er seiner Liebsten Herz umspinnt.

Da mag der Bursch sich süß erinnern,
was aus der Mutter Mund ihm scholl,
und mit dem Klang aus seinem Innern
füllt er sich seine Fiedel voll.

Die Liebe und der Heimat Schöne
drückt ihm den Bogen in die Hand,
und leise rieseln seine Töne
wie Blütenregen in das Land.

Und große Dichter, ruhmberauschte,
dem schlichten Liede lauschen sie,
so gläubig wie das Volk einst lauschte
dem Gotteswort des Sinai.

Nein, ich vergesse Dich nicht

Nein, ich vergesse Dich nicht,
was ich auch werde,
liebliches zeitiges Licht,
Erstling der Erde.

Alles, was Du versprachst,
hat sie gehalten,
seit Du das Herz mir erbrachst
ohne Gewalten.

Flüchtigste früheste Figur,
die ich gewahrte:
nur weil ich Stärke erfuhr,
rühm ich das Zarte.

Graue Liebesschlangen

Graue Liebesschlangen hab ich aus Deinen
Achselhöhlen gescheucht. Wie auf heißen Steinen
liegen sie jetzt auf mir und verdauen
Lust-Klumpen

Rainer Maria Rilke

Lass mich nicht an Deinen Lippen trinken

Lass mich nicht an Deinen Lippen trinken,
denn an Munden trank ich mir Verzicht.
Lass mich nicht in Deine Arme sinken,
denn mich fassen Arme nicht.

Aus der Trübe
müder Überdrüsse

Aus der Trübe müder Überdrüsse
reißt, die wir einander bebend bringen,
uns die Botschaft. Welche? Wir vergingen –
Ach wann waren Worte diese Küsse?

Diese Küsse waren einmal Worte;
stark gesprochen an der Tür ins Freie
zwangen sie die Pforte.
Oder waren diese Küsse Schreie ...

Schreie auf so schönen Hügeln, wie sie
Deine Brüste sind. Der Himmel schrie sie
in den Jugendjahren seiner Stürme.

Rainer Maria Rilke

Oh wie fühl ich
still zu Dir hinüber

Oh wie fühl ich still zu Dir hinüber,
oh wie gehen mir von Deinem Bild
steigende Gefühle flutend über.
Ungeheuer ist mein Herz gewillt.

In dem Raume, den ich in mich schaute
aus dem Weltraum und dem Wind am Meer,
gehst Du, unbegreifliche Vertraute,
wie sein eigenstes Geschöpf umher.

Nun erst schließ ich, ach nach wie viel Zeiten
meine Augen über mir; nun mag
keine Sehnsucht mehr mich überschreiten;
denn vollendeter wird Nacht und Tag.

Schau ich aber leise auf, so heilt
mir die Welt am milderen Gesichte –,
oh so war ja doch: dass ich verzichte,
allen Engeln noch nicht mitgeteilt.

So wie eine Türe, die nicht zubleibt

So wie eine Türe, die nicht zubleibt,
geht im Schlaf mir immer wieder stöhnend
die Umarmung auf. Oh wehe Nächte.

Draußen wird der Garten weich im Mondschein
und die Blüten trüben mir das Fenster
und die Nachtigall ist nicht vergebens.

Rainer Maria Rilke

Dein Herz sei wie ein
Nest im Unerreichten

Dein Herz sei wie ein Nest im Unerreichten.
Hilf keinem zu der Wildnis Deines Baus,
doch manchmal wirf am Morgen einen leichten
neuflüggen Engel in die Himmel aus.

Vergiss, vergiss und lass uns jetzt nur dies

Vergiss, vergiss und lass uns jetzt nur dies
erleben, wie die Sterne durch geklärten
Nachthimmel dringen; wie der Mond die Gärten
voll übersteigt. Wir fühlten längst schon, wies
spiegelnder wird im Dunkel; wie ein Schein
entsteht, ein weißer Schatten in dem Glanz
der Dunkelheit. Nun aber lass uns ganz
hinübertreten in die Welt hinein
die monden ist –

Rainer Maria Rilke

Ein junges Mädchen:
das ist wie ein Stern

Ein junges Mädchen: das ist wie ein Stern:
die ganze Erde dunkelt ihm entgegen
und ist ihm aufgetan wie einem Regen,
und niemals trank sie einen seligern.

Ein junges Mädchen: das ist wie ein Schatz,
vergraben neben einer alten Linde;
da sollen Ringe sein und Goldgewinde,
doch keiner ist erwählt, dass er sie finde:
nur eine Sage geht und sagt den Platz.

Ein junges Mädchen: dass wir's niemals sind.
So wenig hat das Sein zu uns Vertrauen.
Am Anfang scheinen wir fast gleich, als Kind,
und später sind wir manchmal beinah Frauen
für einen Augenblick; doch wie verrinnt
das fern von uns, was Mädchen sind und schauen.

Mädchen gewesen sein: dass es das gibt.
Als sagte Eine: einmal war ich dies
und zeigte Dir ein Halsband von Türkis
auf welkem Sammte; und man sieht noch, wie's
getragen war, verloren und geliebt.

Du duftest aus Dir hinaus

Du duftest aus Dir hinaus,
schon schwindelt von Dir den Sternen.
Heute lass mich die Fernen
weghalten und wie ein Haus
warm sein um Dich und zu.
[Wohn in mir diese Nacht
wach in mir und gib acht]

Rainer Maria Rilke

Der Duft

Wer bist Du, Unbegreiflicher: Du Geist,
wie weißt Du mich von wo und wann zu finden,
der Du das Innere (wie ein Erblinden)
so innig machst, dass es sich schließt und kreist.
Der Liebende, der eine an sich reißt,
hat sie nicht nah; nur Du allein bist Nähe.
Wen hast Du nicht durchtränkt als ob Du jähe
die Farbe seiner Augen seist.

Ach, wer Musik in einem Spiegel sähe,
der sähe Dich und wüsste, wie Du heißt.

Ehe

Sie ist traurig, lautlos und allein.
Sieh, sie leidet. Deine Nächte legten
sich auf ihre leisen leicht erregten
Nächte wie ein stürzendes Gestein.

Hundertmal in Deiner dumpfen Gier
warst Du ihr Vergeuder und Vergifter;
aber dass Du einmal wie ein Stifter
still und dunkel knietest neben ihr
macht Dich männlich und geht aus von Dir.

Rainer Maria Rilke

Initiale

Aus unendlichen Sehnsüchten steigen
endliche Taten wie schwache Fontänen,
die sich zeitig und zitternd neigen.
Aber, die sich uns sonst verschweigen,
unsere fröhlichen Kräfte – zeigen
sich in diesen tanzenden Tränen.

Die Braut

Ruf mich, Geliebter, ruf mich laut!
Lass Deine Braut nicht so lange am Fenster stehn.
In den alten Platanenalleen
wacht der Abend nicht mehr:
sie sind leer.

Und kommst Du mich nicht in das nächtliche Haus
mit Deiner Stimme verschließen,
so muss ich mich aus meinen Händen hinaus
in die Gärten des Dunkelblaus
ergießen …

Rainer Maria Rilke

Ich bin, Du Ängstlicher

Ich bin, Du Ängstlicher. Hörst Du mich nicht
mit allen meinen Sinnen an Dir branden?
Meine Gefühle, welche Flügel fanden,
umkreisen weiß Dein Angesicht.
Siehst Du nicht meine Seele, wie sie dicht
vor Dir in einem Kleid aus Stille steht?
Reift nicht mein mailiches Gebet
an Deinem Blicke wie an einem Baum?

Wenn Du der Träumer bist, bin ich Dein Traum.
Doch wenn Du wachen willst, bin ich Dein Wille
und werde mächtig aller Herrlichkeit
und ründe mich wie eine Sternenstille
über der wunderlichen Stadt der Zeit.

Du siehst, ich will viel

Du siehst, ich will viel.
Vielleicht will ich Alles:
das Dunkel jedes unendlichen Falles
und jedes Steigens lichtzitterndes Spiel.

Es leben so viele und wollen nichts,
und sind durch ihres leichten Gerichts
glatte Gefühle gefürstet.

Aber Du freust Dich jedes Gesichts,
das dient und dürstet.

Du freust Dich Aller, die Dich gebrauchen
wie ein Gerät.

Noch bist Du nicht kalt, und es ist nicht zu spät,
in Deine werdenden Tiefen zu tauchen,
wo sich das Leben ruhig verrät.

Rainer Maria Rilke

Oft sehn sich unsre Seelen tagelang nicht

… Oft sehn sich unsre Seelen tagelang nicht.
Und meine, dürstend, Deine zu entdecken,
will ihre Arme aus dem Alltag strecken,
schaut hinter Deines Lachens Rosenhecken
und lugt und lauscht und findet ihren Klang nicht.

Deine Stube mit den kühlen Rosen

Deine Stube mit den kühlen
Rosen in den vielen Vasen,
drinnen wir in tiefen Stühlen
lehnten, leise Lieder lasen –
und mein Auge sehnte zag:

ist die einsame Kapelle,
welche Zuflucht mir bedeutet;
warten will ich an der Schwelle,
bis mir Deine Stimme läutet
meinen Lebensfeiertag.

Rainer Maria Rilke

Ich möchte Dir
ein Liebes schenken

Ich möchte Dir ein Liebes schenken,
das Dich mir zur Vertrauten macht:
aus meinem Tag ein Deingedenken
und einen Traum aus meiner Nacht.

Mir ist, dass wir uns selig fänden
und dass Du dann wie ein Geschmeid
mir löstest aus den müden Händen
die niebegehrte Zärtlichkeit.

Weißt Du, dass ich Dir
müde Rosen flechte

Weißt Du, dass ich Dir müde Rosen flechte
ins Haar, das leis ein weher Wind bewegt –
Siehst Du den Mond, wie eine silberechte
Merkmünze, und ein Bild ist eingeprägt:
ein Weib, das lächelnd dunkle Dornen trägt –
Das ist das Zeichen toter Liebesnächte.

Fühlst Du die Rosen auf der Stirne sterben?
Und jede lässt die Schwester schauernd los
und muss allein verdarben und verderben,
und alle fallen fahl in Deinen Schoß.
Dort sind sie tot. Ihr Leid war leis und groß.
Komm in die Nacht. Und wir sind Rosenerben.

Rainer Maria Rilke

Rose, oh reiner Widerspruch, Lust

Rose, oh reiner Widerspruch, Lust,
Niemandes Schlaf zu sein unter so viel
Lidern.

Wir, in den ringenden Nächten

Wir, in den ringenden Nächten,
wir fallen von Nähe zu Nähe;
und wo die Liebende taut,
sind wir ein stürzender Stein.

Rainer Maria Rilke

Einmal noch kam
zu dem Ausgesetzten

Einmal noch kam zu dem Ausgesetzten,
der auf seines Herzens Bergen ringt,
Duft der Täler. Und er trank den letzten
Atem wie die Nacht die Winde trinkt.
Stand und trank den Duft, und trank und kniete
noch ein Mal.
Über seinem steinigen Gebiete
war des Himmels atemloses Tal
ausgestürzt. Die Sterne pflücken nicht
Fülle, die die Menschenhände tragen,
schreiten schweigend, wie durch Hörensagen
durch ein weinendes Gesicht.

Einmal kam die Frau, die reiche, reife

Einmal kam die Frau, die reiche, reife
die zerstreut den Jüngling unterwies,
wenn er störend, noch mit Knabensteife,
an die blumige Geliebte stieß.

Dann erschienen reizende Gestalten,
traten ins gesteigerte Bereich
wo sich Menschen aneinanderhalten
zum vergöttlichten Vergleich.

Kann es sein dass er, wenn er sie lobte
aus ursprünglicher Natur
jene nie Erfahrene erprobte
an den Seligen, die er erfuhr?

Rainer Maria Rilke

Weißt Du noch:
auf Deinem Wiesenplatze

Weißt Du noch: auf Deinem Wiesenplatze
las ich Dir am schönen Vormittage,
(jenem ersten, den ich aus dem Schatze
einer wunderschönen Zeit gehoben)
las das Lied der Rühmung und der Klage.
Und mir schien Dein Leben wie von oben
zuzuhören; wie von jeder Seite
kam es näher; aus dem sanften Rasen
stieg es in die Räume meiner Stimme.
Aber plötzlich, da wir nicht mehr lasen
gab ich Dich aus Nachbarschaft und Weite
Dir zurück in Dein gefühltes Wesen.

Fernesein ist nur ein Lauschen: höre.
Und jetzt bist Du diese ganze Stille.
Doch mein Aufblick wird Dich immer wieder
sammeln in den lieben: Deinen Körper.

Liebesanfang

O Lächeln, erstes Lächeln, unser Lächeln.
Wie war das Eines: Duft der Linden atmen,
Parkstille hören –, plötzlich in einander
aufschaun und staunen bis heran ans Lächeln.

In diesem Lächeln war Erinnerung
an einen Hasen, der da eben drüben
im Rasen spielte; dieses war die Kindheit
des Lächelns. Ernster schon war ihm des Schwanes
Bewegung eingegeben, den wir später
den Weiher teilen sahen in zwei Hälften
lautlosen Abends. – Und der Wipfel Ränder
gegen den reinen, freien, ganz schon künftig
nächtigen Himmel hatten diesem Lächeln
Ränder gezogen gegen die entzückte
Zukunft im Antlitz.

Rainer Maria Rilke

Heute will ich

Heute will ich Dir zu Liebe Rosen
fühlen, Rosen fühlen Dir zu Liebe,
Dir zu Liebe heute lange lange
nicht gefühlte Rosen fühlen: Rosen.

Alle Schalen sind gefüllt; sie liegen
in sich selber, jede hundert Male, –
wie von Talen angefüllte Tale
liegen sie in sich und überwiegen.

So unsäglich wie die Nacht
überwiegen sie den Hingegebnen,
wie die Sterne über Ebnen
überstürzen sie mit Pracht.
Rosennacht, Rosennacht.

Nacht aus Rosen, Nacht aus vielen vielen
hellen Rosen, helle Nacht aus Rosen,
Schlaf der tausend Rosenaugenlider:
heller Rosen-Schlaf, ich bin Dein Schläfer.

Heller Schläfer Deiner Düfte; tiefer
Schläfer Deiner kühlen Innigkeiten.
Wie ich mich Dir schwindend überliefer
hast Du jetzt mein Wesen zu bestreiten;

sei mein Schicksal aufgelöst
in das unbegreifliche Beruhen,
und der Trieb, sich aufzutuen,
wirke, der sich nirgends stößt.

Rosenraum, geboren in den Rosen,
in den Rosen heimlich auferzogen,
und aus offnen Rosen zugegeben
groß wie Herzraum: dass wir auch nach draußen
fühlen dürfen in dem Raum der Rosen.

Rainer Maria Rilke

Ich geh Dir nach

Ich geh Dir nach, wie aus der dumpfen Zelle
ein Halbgeheilter schreitet: in der Helle
mit hellen Händen winkt ihm der Jasmin.
Ein Atemholen hebt ihn von der Schwelle, –
er tastet vorwärts: Welle schlägt um Welle
der großbewegte Frühling über ihn.

Ich geh Dir nach in tiefem Dirvertrauen.
Ich weiß Deine Gestalt durch diese Auen
vor meinen ausgestreckten Händen gehn.
Ich geh Dir nach, wie aus des Fiebers Grauen
erschreckte Kinder gehn zu lichten Frauen,
die sie besänftigen und Furcht verstehn.

Ich geh Dir nach. Wohin Dein Herz mich führe
frag ich nicht nach. Ich folge Dir und spüre
wie alle Blumen Deines Kleides Saum …

Ich geh Dir nach auch durch die letzte Türe,
ich folge Dir auch aus dem letzten Traum …

Das Land ist licht

Das Land ist licht und dunkel ist die Laube,
und Du sprichst leise und ein Wunder naht.
Und jedes Deiner Worte stellt mein Glaube
als Betbild auf an meinen stillen Pfad.

Ich liebe Dich. Du liegst im Gartenstuhle,
und Deine Hände schlafen weiß im Schoß.
Mein Leben ruht wie eine Silberspule
in ihrer Macht. Lös meinen Faden los.

Rainer Maria Rilke

Nicht, wie Du ihn nennst

Nicht, wie Du ihn nennst, wird
er dem Herzen gewaltig.
Liebende: wie Du Dich rührst
bildest Du dringend ihn aus.

Der Tod der Geliebten

Er wusste nur vom Tod was alle wissen:
dass er uns nimmt und in das Stumme stößt.
Als aber sie, nicht von ihm fortgerissen,
nein, leis aus seinen Augen ausgelöst,

hinüberglitt zu unbekannten Schatten,
und als er fühlte, dass sie drüben nun
wie einen Mond ihr Mädchenlächeln hatten
und ihre Weise wohlzutun:

da wurden ihm die Toten so bekannt,
als wäre er durch sie mit einem jeden
ganz nah verwandt; er ließ die andern reden

und glaubte nicht und nannte jenes Land
das gutgelegene, das immersüße –
Und tastete es ab für ihre Füße.

Rainer Maria Rilke

Lösch mir die Augen aus

Lösch mir die Augen aus: ich kann Dich sehn,
wirf mir die Ohren zu: ich kann Dich hören,
und ohne Füße kann ich zu Dir gehn,
und ohne Mund noch kann ich Dich beschwören.
Brich mir die Arme ab, ich fasse Dich
mit meinem Herzen wie mit einer Hand,
halt mir das Herz zu, und mein Hirn wird schlagen,
und wirfst Du in mein Hirn den Brand,
so werd ich Dich auf meinem Blute tragen.

Siehe, da rief ich die Liebende

Siehe, da rief ich die Liebende. Aber nicht *sie* nur
käme ... Es kämen aus schwächlichen Gräbern
Mädchen und ständen ... Denn, wie beschränk ich,
wie, den gerufenen Ruf? Die Versunkenen suchen
immer noch Erde. – Ihr Kinder, ein hiesig
einmal ergriffenes Ding gälte für viele.
Glaubt nicht, Schicksal sei mehr, als das Dichte der Kindheit;
wie überholtet ihr oft den Geliebten, atmend,
atmend nach seligem Lauf, auf nichts zu, ins Freie.

Hiersein ist herrlich. Ihr wusstet es, Mädchen, *ihr* auch,
die ihr scheinbar entbehrtet, versankt –, ihr, in den ärgsten
Gassen der Städte, Schwärende, oder dem Abfall
Offene. Denn eine Stunde war jeder, vielleicht nicht
ganz eine Stunde, ein mit den Maßen der Zeit kaum
Meßliches zwischen zwei Weilen –, da sie ein Dasein
hatte. Alles. Die Adern voll Dasein.
Nur, wir vergessen so leicht, was der lachende Nachbar
uns nicht bestätigt oder beneidet. Sichtbar
wollen wirs heben, wo doch das sichtbarste Glück uns
erst zu erkennen sich gibt, wenn wir es innen verwandeln.

Rainer Maria Rilke

Ein Frauen-Schicksal

So wie der König auf der Jagd ein Glas
ergreift, daraus zu trinken, irgendeines, –
und wie hernach der welcher es besaß
es fortstellt und verwahrt als wär es keines:

so hob vielleicht das Schicksal, durstig auch,
bisweilen Eine an den Mund und trank,
die dann ein kleines Leben, viel zu bang
sie zu zerbrechen, abseits vom Gebrauch

hinstellte in die ängstliche Vitrine,
in welcher seine Kostbarkeiten sind
(oder die Dinge, die für kostbar gelten).

Da stand sie fremd wie eine Fortgeliehne
und wurde einfach alt und wurde blind
und war nicht kostbar und war niemals selten.

Opfer

O wie blüht mein Leib aus jeder Ader
duftender, seitdem ich Dich erkenn;
sieh, ich gehe schlanker und gerader,
und Du wartest nur –: wer bist Du denn?

Sieh: ich fühle, wie ich mich entferne,
wie ich Altes, Blatt um Blatt, verlier.
Nur Dein Lächeln steht wie lauter Sterne
über Dir und bald auch über mir.

Alles was durch meine Kinderjahre
namenlos noch und wie Wasser glänzt,
will ich nach Dir nennen am Altare,
der entzündet ist von Deinem Haare
und mit Deinen Brüsten leicht bekränzt.

Rainer Maria Rilke

Liebende könnten, verstünden sie's

Liebende könnten, verstünden sie's, in der Nachtluft
wunderlich reden. Denn es scheint, dass uns alles
verheimlicht. Siehe, die Bäume *sind*; die Häuser,
die wir bewohnen, bestehn noch. Wir nur
ziehen allem vorbei wie ein luftiger Austausch.
Und alles ist einig, uns zu verschweigen, halb als
Schande vielleicht und halb als unsägliche Hoffnung.

Liebende, euch, ihr in einander Genügten,
frag ich nach uns. Ihr greift euch. Habt ihr Beweise?
Seht, mir geschiehts, dass meine Hände einander
inne werden oder dass mein gebrauchtes
Gesicht in ihnen sich schont. Das gibt mir ein wenig
Empfindung. Doch wer wagte darum schon zu *sein*?
Ihr aber, die ihr im Entzücken des anderen
zunehmt, bis er euch überwältigt
anfleht: nicht *mehr* –; die ihr unter den Händen
euch reichlicher werdet wie Traubenjahre;
die ihr manchmal vergeht, nur weil der andre
ganz überhand nimmt: euch frag ich nach uns. Ich weiß,
ihr berührt euch so selig, weil die Liebkosung verhält,
weil die Stelle nicht schwindet, die ihr, Zärtliche,
zudeckt; weil ihr darunter das reine
Dauern verspürt. So versprecht ihr euch Ewigkeit fast
von der Umarmung. Und doch, wenn ihr der ersten
Blicke Schrecken besteht und die Sehnsucht am Fenster,
und den ersten gemeinsamen Gang, *ein* Mal durch den Garten:

Liebende, *seid* ihrs dann noch? Wenn ihr einer dem andern
euch an den Mund hebt und ansetzt –: Getränk an Getränk:
o wie entgeht dann der Trinkende seltsam der Handlung.

Rainer Maria Rilke

Die Liebende

Ja ich sehne mich nach Dir. Ich gleite
mich verlierend selbst mir aus der Hand,
ohne Hoffnung, dass ich Das bestreite,
was zu mir kommt wie aus Deiner Seite
ernst und unbeirrt und unverwandt.

… jene Zeiten: O wie war ich Eines,
nichts was rief und nichts was mich verriet
meine Stille war wie eines Steines,
über den der Bach sein Murmeln zieht.

Aber jetzt in diesen Frühlingswochen
hat mich etwas langsam abgebrochen
von dem unbewussten dunkeln Jahr.
Etwas hat mein armes warmes Leben
irgendeinem in die Hand gegeben,
der nicht weiß was ich noch gestern war.

Dass ich die Früchte beschrieb

Dass ich die Früchte beschrieb,
kams vielleicht durch Dein Bücken
zum Erdbeerbeet;
und wenn keine Blume in mir vergeht,
ist es vielleicht, weil Freude Dich trieb,
eine zu pflücken?

Ich weiß, wie Du liefst,
und plötzlich, Du Atemlose,
warst Du wartend mir zugewandt.
Ich saß bei Dir, da Du schliefst;
Deine linke Hand
lag wie eine Rose.

Rainer Maria Rilke

Und Dein Haar, das niederglitt

Und Dein Haar, das niederglitt,
nimm es doch dem fremden Winde, –
an die nahe Birke binde
einen kusslang uns damit.

Dann: zu unseren Gelenken
wird kein eigner Wille gehn.
Das, wovon die Zweige schwenken
das, woran die Wälder denken
wird uns auf und nieder wehn.

Näher an das Absichtslose
sehnen wir uns menschlich hin;
lass uns lernen von der Rose
was Du bist und was ich bin …

Du bist die Zukunft, großes Morgenrot

Du bist die Zukunft, großes Morgenrot
über den Ebenen der Ewigkeit.
Du bist der Hahnschrei nach der Nacht der Zeit,
der Tau, die Morgenmette und die Maid,
der fremde Mann, die Mutter und der Tod.

Du bist die sich verwandelnde Gestalt,
die immer einsam aus dem Schicksal ragt,
die unbejubelt bleibt und unbeklagt
und unbeschrieben wie ein wilder Wald.

Du bist der Dinge tiefer Inbegriff,
der seines Wesens letztes Wort verschweigt
und sich den Andern immer anders zeigt:
dem Schiff als Küste und dem Land als Schiff.

Rainer Maria Rilke

Da seh ich Dich

Da seh ich Dich. Du stehst so säulensehnig,
und leise wachse ich an Dir hinauf.
Dein Festsein macht, dass ich mich an Dich lehne –
Und wie ich mich in Deiner Klarheit finde,
bin ich erstarkt im Ruhn an Deiner Rinde,
und spüre, dass ich mich ins Leben sehne!

Du, der ichs nicht sage

Du, der ichs nicht sage, dass ich bei Nacht
weinend liege,
deren Wesen mich müde macht
wie eine Wiege.
Du, die mir nicht sagt, wenn sie wacht
meinetwillen:
wie, wenn wir diese Pracht
ohne zu stillen
in uns ertrügen?

Sieh Dir die Liebenden an,
wenn erst das Bekennen begann,
wie bald sie lügen.

Du machst mich allein. Dich einzig kann ich
vertauschen.
Eine Weile bist Du's, dann wieder ist es das
Rauschen,
oder es ist ein Duft ohne Rest.
Ach, in den Armen hab ich sie alle verloren,
Du nur, Du wirst immer wieder geboren:
weil ich niemals Dich anhielt, halt ich Dich fest.

Rainer Maria Rilke

Dich aber will ich nun

Dich aber will ich nun, *Dich*, die ich kannte
wie eine Blume, von der ich den Namen nicht weiß,
noch *ein* Mal erinnern und ihnen zeigen, Entwandte,
schöne Gespielin des unüberwindlichen Schrei's.

Tänzerin erst, die plötzlich, den Körper voll Zögern,
anhielt, als göss man ihr Jungsein in Erz;
trauernd und lauschend –. Da, von den hohen Vermögern
fiel ihr Musik in das veränderte Herz.

Nah war die Krankheit. Schon von den Schatten bemächtigt,
drängte verdunkelt das Blut, doch, wie flüchtig verdächtigt,
trieb es in seinen natürlichen Frühling hervor.

Wieder und wieder, von Dunkel und Sturz unterbrochen,
glänzte es irdisch. Bis es nach schrecklichem Pochen
trat in das trostlos offene Tor.

Welt war in dem Antlitz der Geliebten

Welt war in dem Antlitz der Geliebten –,
aber plötzlich ist sie ausgegossen:
Welt ist draußen, Welt ist nicht zu fassen.

Warum trank ich nicht, da ich es aufhob,
aus dem vollen, dem geliebten Antlitz
Welt, die nah war, duftend meinem Munde?

Ach, ich trank. Wie trank ich unerschöpflich.
Doch auch ich war angefüllt mit zu viel
Welt, und trinkend ging ich selber über.

Rainer Maria Rilke

Sehnsüchte irren, wenn sie weinen

Sehnsüchte irren, wenn sie weinen
um irgend ein verlornes Ziel;
weil sie doch immer Märchen meinen, –
und Kronen mit den reinen Steinen,
aus denen keine Perle fiel.

Sehnsüchte wollen nicht gestillt sein
mit einem Trunk aus schlechtem Glas;
sie wollen Deiner Dinge Bild sein
und Deiner Wünsche Ebenmaß.

Initiale

Gib Deine Schönheit immer hin
ohne Rechnen und Reden.
Du schweigst. Sie sagt für Dich: Ich bin.
Und kommt in tausendfachem Sinn,
kommt endlich über jeden.

Rainer Maria Rilke

Mach mich zum Wächter Deiner Weiten

Mach mich zum Wächter Deiner Weiten,
mach mich zum Horchenden am Stein,
gib mir die Augen auszubreiten
auf Deiner Meere Einsamsein;
lass mich der Flüsse Gang begleiten
aus dem Geschrei zu beiden Seiten
weit in den Klang der Nacht hinein.

Schick mich in Deine leeren Länder,
durch die die weiten Winde gehn,
wo große Klöster wie Gewänder
um ungelebte Leben stehn.
Dort will ich mich zu Pilgern halten,
von ihren Stimmen und Gestalten
durch keinen Trug mehr abgetrennt,
und hinter einem blinden Alten
des Weges gehn, den keiner kennt.

Oh Du bist schön.
Wenn auch nicht mir

Oh Du bist schön. Wenn auch nicht mir.
Aber Du kannst Dich nirgends verhalten.
Ich weiß, dass mir Deine Augen nicht galten,
aber ich habe mich wie ein Tier
in Deine Blicke gelegt. O Du bist schön.

Um die Höhn
Deines Leibes kreist
dunkel Dein Duft.
Und Dein spiegelnder Geist
speist
grundlose Brunnen in Dir.
O Du bist schön.

Mir ist die Lust
zu Rose und Pfirsich vergangen.
Die Spangen
an Deinen Armen sind wärmer.
Ich will keine Vögel mehr fangen.
Ich will ärmer und ärmer
werden für Dich: so schön bist Du.

Meine Sinne sind mir zu einem Sinn
verschmolzen an Dir.
Ich spüre nur, dass ich zu Dir hin
bin –: nimm. Verlier.

Rainer Maria Rilke

Tagelied

Jetzt kommen wieder die Pläne,
die ins Weite gehn.
Draußen rufen die Hähne:
die Ferne will entstehn

nach aller dieser Nähe,
die uns zusammenschloss.
Wach auf, damit ich sähe,
was ich so sehr genoss.

Mir geht es noch im Blute,
noch duftet das ganze Haus.
Zu was für Worten ruhte
mein Mund auf Deinem aus,

auf Deinem guten Munde,
auf Deiner beruhigten Brust:
Stunde ging um Stunde,
wir haben es nicht gewusst.

Nun kommen die Geräusche.
Schon rührte sich eine Tür.
Dass es Dich nicht enttäusche,
wache mit mir, verspür,

wie es schon weht vom Tage:
da muss ich nun hinaus –
Wache zu mir und sage:
Seh ich traurig aus?

Das dauert nur eine Weile,
mach Dir das Herz nicht schwer.
Die Nacht ist, dass man sie teile,
der Tag, dass man ihn vermehr.

La Dame à la Licorne

Frau und Erlauchte: sicher kränken wir
oft Frauen-Schicksal das wir nicht begreifen.
Wir sind für euch die Immer-noch-nicht-Reifen
für euer Leben, das, wenn wir es streifen
ein Einhorn wird, ein scheues, weißes Tier, –

das flüchtet … und sein Bangen ist so groß,
dass ihr es selber / wie es schlank entschwindet /
nach vielem Traurigsein erst wiederfindet,
noch immer schreckhaft, warm und atemlos.

Dann bleibt ihr bei ihm, fern von uns, – und mild
gehn durch des Tagwerks Tasten eure Hände;
demütig dienen euch die Gegenstände,
ihr aber wollt nur *diesen* Wunsch gestillt:
dass einst das Einhorn sein beruhigtes Bild
in eurer Seele schwerem Spiegel fände. –

Was, Geliebte

Was, Geliebte, bist
Du nicht eine unter den Sternen?
Dass ich dächte, Du kämst
nach der Abende schwankendem Übergang
sicher herauf,
mir maßlos
Schauendem kenntlich an Ferne und Licht.

Rainer Maria Rilke

Dich aufdenkend wird
mein Wesen erglühter

Dich aufdenkend wird mein Wesen erglühter,
meine Adern röten die Nacht.
An meinem Herzen der gerüstete Hüter
klirrt vor Verdacht. Wacht
Dein Gefühl durch die mündigen Sterne herüber?
Gehst Du aus unaufhaltsamem Raum

Einmal nahm ich zwischen meine Hände Dein Gesicht

Einmal nahm ich zwischen meine Hände
Dein Gesicht. Der Mond fiel darauf ein.
Unbegreiflichster der Gegenstände
unter überfließendem Gewein.

Wie ein williges, das still besteht,
beinah war es wie ein Ding zu halten.
Und doch war kein Wesen in der kalten
Nacht, das mir unendlicher entgeht.

Oh da strömen wir zu diesen Stellen,
drängen in die kleine Oberfläche
alle Wellen unsres Herzens,
Lust und Schwäche,
und wem halten wir sie schließlich hin?

Ach dem Fremden, der uns missverstanden,
ach dem andern, den wir niemals fanden,
denen Knechten, die uns banden,
Frühlingswinden, die damit entschwanden,
und der Stille, der Verliererin.

Rainer Maria Rilke

Gib mir Liebe

Welche Wiesen duften Deine Hände?
Fühlst Du wie auf Deine Widerstände
stärker sich der Duft von draußen stützt.
Drüber stehn die Sterne schon in Bildern.
Gib mir, Liebe, Deinen Mund zu mildern;
ach, Dein ganzes Haar ist unbenützt.

Sieh, ich will Dich mit Dir selbst umgeben
und die welkende Erwartung heben
von dem Rande Deiner Augenbraun;
wie mit lauter Liderinnenseiten
will ich Dir mit meinen Zärtlichkeiten
alle Stellen schließen, welche schaun.

Leise ruft der Buchenwald

Leise ruft der Buchenwald.
Winkt mit seinen jungen Zweigen
weit hinaus ins Wiesenschweigen.

Kommt mein blonder Liebling bald
mir die tiefen Wege zeigen,
wo die Lichter wie Elfen reigen?

Kommt mein blonder Liebling bald?

Grüßend wird meine Seele sich neigen.
Meine Seele ist maieneigen
wie der rufende Buchenwald.

Rainer Maria Rilke

Schlaflied

Einmal wenn ich Dich verlier,
wirst Du schlafen können, ohne
dass ich wie eine Lindenkrone
mich verflüstre über Dir?

Ohne dass ich hier wache und
Worte, beinah wie Augenlider,
auf Deine Brüste, auf Deine Glieder
niederlege, auf Deinen Mund.

Ohne dass ich Dich verschließ
und Dich allein mit Deinem lasse
wie einen Garten mit einer Masse
von Melissen und Stern-Anis.

Die Getrennten

Immer noch verlieren die Getrennten,
was sie ganz nicht fassten, Ding um Ding,
da sie zitternd ihre Zeit umfing.
Ach es brach aus allen Elementen.
Und, ganz hoch, der Flug der wilden Enten,
der durch *ihre* Himmel ging.

Wo vermöchte einer aufzuleben
Flut und Einfluss einer Liebes-Zeit?
Denn allein schon das, von weit,
erste Zueinanderschweben
kannte keine Fülle neben
seiner vollen Herrlichkeit.

Und so bleiben, die sich nicht mehr trugen,
sich verlierend älter im Verlust:
immer weiter rinnt durch alle Fugen
unbekanntes Glück aus ihrer Brust.

Mensch ist der, der grenzenlos verliert:
aus dem Blicke, aus dem Schluss der Hände
und aus seiner armen Wände
unbeteiligtem Geviert.

Rainer Maria Rilke

Die Liebende

Das ist mein Fenster. Eben
bin ich so sanft erwacht.
Ich dachte, ich würde schweben.
Bis wohin reicht mein Leben,
und wo beginnt die Nacht?

Ich könnte meinen, alles
wäre noch Ich ringsum;
durchsichtig wie eines Kristalles
Tiefe, verdunkelt, stumm.

Ich könnte auch noch die Sterne
fassen in mir; so groß
scheint mir mein Herz; so gerne
ließ es ihn wieder los

den ich vielleicht zu lieben,
vielleicht zu halten begann.
Fremd, wie niebeschrieben
sieht mich mein Schicksal an.

Was bin ich unter diese
Unendlichkeit gelegt,
duftend wie eine Wiese,
hin und her bewegt,

rufend zugleich und bange,
dass einer den Ruf vernimmt,
und zum Untergange
in einem Andern bestimmt.

Rainer Maria Rilke

Erinnerung

Und Du wartest, erwartest das Eine,
das Dein Leben unendlich vermehrt;
das Mächtige, Ungemeine,
das Erwachen der Steine,
Tiefen, Dir zugekehrt.

Es dämmern im Bücherständer
die Bände in Gold und Braun;
und Du denkst an durchfahrene Länder,
an Bilder, an die Gewänder
wiederverlorener Fraun.

Und da weißt Du auf einmal: das war es.
Du erhebst Dich, und vor Dir steht
eines vergangenen Jahres
Angst und Gestalt und Gebet.

Alle, welche Dich suchen, versuchen Dich

Alle, welche Dich suchen, versuchen Dich.
Und die, so Dich finden, binden Dich
an Bild und Gebärde.

Ich aber will Dich begreifen
wie Dich die Erde begreift;
mit meinem Reifen
reift
Dein Reich.

Ich will von Dir keine Eitelkeit,
die Dich beweist.
Ich weiß, dass die Zeit
anders heißt
als Du.

Tu mir kein Wunder zulieb.
Gib Deinen Gesetzen recht,
die von Geschlecht zu Geschlecht
sichtbarer sind.

Rainer Maria Rilke

Ich finde Dich in allen diesen Dingen

Ich finde Dich in allen diesen Dingen,
denen ich gut und wie ein Bruder bin;
als Samen sonnst Du Dich in den geringen
und in den großen gibst Du groß Dich hin.

Das ist das wundersame Spiel der Kräfte,
dass sie so dienend durch die Dinge gehn:
in Wurzeln wachsend, schwindend in die Schäfte
und in den Wipfeln wie ein Auferstehn.

Geliebte,

willst Du fühlen was mir fern geschieht,
ob ich eben Leid bin oder Lied, –
darfst Du nicht den fremden Tag bestürmen,
der zufrieden in die Sonne sieht.
Langsam lausche auf in Deinen Kissen:

alle Nächte werden von mir wissen,
welche auf des Schweigens schwarzen Türmen
ihre feierlichen Himmel hissen …

Rainer Maria Rilke

Dein Garten
wollt ich sein zuerst

Dein Garten wollt ich sein zuerst
und Ranken haben und Rabatten
und Deine Schönheit überschatten,
damit Du mit dem muttermatten
Lächeln gern mir wiederkehrst.

Da aber – als Du kamst und gingst,
ist etwas mit Dir eingetreten:
das ruft mich zu den roten Beeten,
wenn Du mir aus den weißen winkst.

Östliches Taglied

Ist dieses Bette nicht wie eine Küste,
ein Küstenstreifen nur, darauf wir liegen?
Nichts ist gewiss als Deine hohen Brüste,
die mein Gefühl in Schwindeln überstiegen.

Denn diese Nacht, in der so vieles schrie,
in der sich Tiere rufen und zerreißen,
ist sie uns nicht entsetzlich fremd? Und wie:
was draußen langsam anhebt, Tag geheißen,
ist das uns denn verständlicher als sie?

Man müsste so sich ineinanderlegen
wie Blütenblätter um die Staubgefäße:
so sehr ist überall das Ungemäße
und häuft sich an und stürzt sich uns entgegen.

Doch während wir uns aneinander drücken,
um nicht zu sehen, wie es ringsum naht,
kann es aus Dir, kann es aus mir sich zücken:
denn unsre Seelen leben von Verrat.

Das Bett

Lass sie meinen, dass sich in privater
Wehmut löst, was einer dort bestritt.
Nirgend sonst als da ist ein Theater;
reiß den hohen Vorhang fort – : da tritt

vor den Chor der Nächte, der begann
ein unendlich breites Lied zu sagen,
jene Stunde auf, bei der sie lagen,
und zerreißt ihr Kleid und klagt sich an,

um der andern, um der Stunde willen,
die sich wehrt und wälzt im Hintergrunde;
denn sie konnte sie mit sich nicht stillen.
Aber da sie zu der fremden Stunde

sich gebeugt: da war auf ihr,
was sie am Geliebten einst gefunden,
nur so drohend und so groß verbunden
und entzogen wie in einem Tier.

In dem Raume,
den ich in mich schaute

In dem Raume, den ich in mich schaute
aus dem Weltraum und dem Wind am Meer,
gehst Du, unbegreifliche Vertraute,
wie sein eigenstes Geschöpf umher.

Nun erst schließ ich, ach nach wie viel Zeiten
meine Augen über mir; nun mag
keine Sehnsucht mehr mich überschreiten;
denn vollendeter wird Nacht und Tag.

Schau ich aber leise auf, so heilt
mir die Welt am milderen Gesichte –,
oh so war ja doch: dass ich verzichte,
allen Engeln noch nicht mitgeteilt.

Rainer Maria Rilke

Dich zu fühlen bin ich

Dich zu fühlen bin ich aus den leichten
Kreisen meiner Fühlungen gestiegen
und jetzt soll mich täglich im Erreichten
Trauer großer Nähe überwiegen,
dieses hülflos menschliche Gewicht.

Oh wie schälst Du mein Herz
aus den Schalen des Elends

Oh wie schälst Du mein Herz aus den Schalen des Elends.
Was verriet Dir im schlechten Gehäus den erhaltenen Kern?
Der süß wie Gestirn, weltsüß, mir im Inneren ansteht.
Ach, da ich litt, befiel ihn ein schläferndes Wachstum,
da mir das Leiden schweigend die Glieder zerbrach
schlief mir im Herzen ein Herz, ein künftiges, schuldlos.
Eines, oh sieh: noch weiß ich nicht welches, noch rat ichs,
dieses vermutete Herz. Ihm galten die Sterne
die ich dem trüberen gab. Oh sei ihm hinüber
durch meine bange Natur. Sei ihm verständigt. Erkenns.
Rufs. Du Erstaunende, rufs. Stell ihm ein kleines
Lächeln zunächst, dass es sich rührt von dem Schein;
neig ihm Dein schönes Gesicht: den Raum des Erwachens
dass es sich wundert in Dir und sich des Morgens gewöhnt.

Rainer Maria Rilke

Ich bin auf der Welt zu allein

Ich bin auf der Welt zu allein und doch nicht allein genug,
um jede Stunde zu weihn.
Ich bin auf der Welt zu gering und doch nicht klein genug,
um vor Dir zu sein wie ein Ding, dunkel und klug.
Ich will meinen Willen und will meinen Willen begleiten
die Wege zur Tat;
und will in stillen, irgendwie zögernden Zeiten,
wenn etwas naht,
unter den Wissenden sein
oder allein.

Ich will Dich immer spiegeln in ganzer Gestalt,
und will niemals blind sein oder zu alt
um Dein schweres schwankendes Bild zu halten.
Ich will mich entfalten.
Nirgends will ich gebogen bleiben,
denn dort bin ich gelogen, wo ich gebogen bin.
Und ich will meinen Sinn
wahr vor Dir. Ich will mich beschreiben
wie ein Bild das ich sah,
lange und nah,
wie ein Wort, das ich begriff,
wie meinen täglichen Krug,
wie meiner Mutter Gesicht,
wie ein Schiff,
das mich trug
durch den tödlichsten Sturm.

So lernen wir am Hiesigen Gefühle

So lernen wir am Hiesigen Gefühle
für welche Neigungen im Raum?
Und gehen fühlend durch die Abendkühle
und schauen fühlend in den nächsten Baum.

Rainer Maria Rilke

Und wenn wir uns
einander zuempfanden

Und wenn wir uns einander zuempfanden
war das ein Fortschritt in die Welt?
Hat uns die Lust, mit der wir uns verstanden,
höher ins Unverstehliche gestellt?
Da bin ich nun. Wo bin ich? Bin ich weiter
nach viel vorläufigem Gefühl

Der Freundin

Da hängt in meinem ersten starken Turme
der Jugend schweres Glockengut.
Sei Weite, Du, sei Himmel meinem Sturme
und fülle fühlend, wo er ruht,
das Reine der erholten Räume aus.

Das war mein Herz. Und drängt nun voller Eifer,
wo ich nicht bin, zu wirken, hundertfach.
Sehr schmerzhaft wächst in mir ein nächstes nach.
Und ist es endlich größer, süßer, reifer:
ich leb es nicht. Es bricht aus mir hinaus.

Rainer Maria Rilke

Durch den plötzlich schönen Garten trägst Du

Durch den plötzlich schönen Garten trägst Du,
trägst Du, Tragendste der Trägerinnen,
mir das ganz vergossne Herz zum Brunnen.

Und ich steh indessen mit dem Deinen
unerschöpflichen in diesem schönen,
dem unendlich aufgefühlten Garten.

Wie ein Knabe steht mit seinen künftig
starken Gaben, sie noch nicht beginnend,
halt ich die Begabung Deines Herzens.

Und Du gehst indessen mit dem meinen
an den Brunnen. Aber um uns beide
sind wir selber dieser schöne Garten.

Sieh, was sind wir nicht? Wir sind die Sterne,
welche diesen Garten nachts erwiedern,
und das Dunkel um die hohen Sterne.

Sind die Flüsse in den fremden Ländern,
sind der Länder Berge, und dahinter
sind wir wieder eine nächste Weite.

Einzeln sind wir Engel nicht; zusammen
bilden wir den Engel unsrer Liebe:
ich den Gang, Du seines Mundes Jugend.

Sind wirs, Lulu, sind wirs?

Sind wirs, Lulu, sind wirs? Oder grüßen
sich in uns entgangene Gestalten?
Durch die Herzen, die wir offen halten,
geht der Gott mit Flügeln an den Füßen,

jener, weißt Du, der die Dichter nimmt;
eh sie noch von ihrem Wesen wissen,
hat er sie erkannt und hingerissen
und zum Unermessenen bestimmt.

Einem Gott nur ist die Macht gegeben,
das noch Ungewollte zu entwirrn.
Wie die Nacht mit zweien Tagen neben
steht er plötzlich zwischen unsern Leben
voll von zögerndem Gestirn.

In uns beide ruft er nach dem Dichter.
Und da glühst Du leise und ich glühe.
Und er wirft uns durch der Angesichter
Klärungen die Vögel seiner Frühe.

Rainer Maria Rilke

Sehet ein Ding,
das vielfach umwunden

Sehet ein Ding, das vielfach umwunden.
Keiner geht durch die verbundene Welt
einzeln. Immer ist ihm in herrlichen
Abständen das Herz umstellt.
Immer ist er in Händen, die zu fassen wissen.
Hingerissen ist er in hinreißenden Händen,
oder er ruht mit den Gegenständen
ein ruhender. Es sei denn er fiele
von Händen zu Händen: denn die Spiele
des Alls sind unendliche.

Wie der Wasser Oberflächen schweigend

Wie der Wasser Oberflächen schweigend
von der Erde zu den Himmeln schweben,
bin ich knieender, um Dir mein steigend
übergehendes Gesicht zu geben.

Rainer Maria Rilke

Oft bricht in eine
leistende Entfaltung

Oft bricht in eine leistende Entfaltung
das Schicksal ein, des Blutes stilles Gift:
wir aber rühmen Herzen, deren Haltung
die Stunde der Zerstörung übertrifft.

Marien-Herz, verkündigtes, Du glühst
scheinender auf in diesem Zeitenwinde.
Du blindgeweintes. Doch um solche Blinde
gerät der ganze Raum ins Schaun und grüßt

Du nur, einzig Du bist

Du nur, einzig Du *bist*
Wir aber gehn hin, bis einmal
unsres Vergehens so viel ist,
dass Du entstehst: Augenblick,
schöner, plötzlicher,
in der Liebe entstehst oder,
entzückt, in des Werkes Verkürzung.

Dein bin ich, Dein; wie viel mir die Zeit auch
anhat. Von Dir zu Dir
bin ich befohlen. Dazwischen
hängt die Guirlande im Zufall, dass aber Du sie
auf- und auf- und aufnimmst:
siehe: die Feste!

Rainer Maria Rilke

Wo die Wurzeln
ihrer Liebe ringen

Wo die Wurzeln ihrer Liebe ringen
in dem Dunkel alter Unterlagen,
bei den Sagen der Gefühle sind die
Liebenden, die wachsen, nie gewesen.

Stehen beide in dem einen Stamme,
in der Rinde ihres Loses. Heben
Leben in die Flamme. Geben
rein sich weiter in den eignen Wipfel.

O vermöchten sie, sich in dem leichten
obersten Gezweig zu scheiden scheinbar.
Hingereichten an den hergereichten
Himmeln ist die Trennung nicht mehr weinbar.

Aus der Trübe müder Überdrüsse
reißt, die wir einander bebend bringen,
uns die Botschaft. Welche? Wir vergingen –
Ach wann waren Worte diese Küsse?

Diese Küsse waren einmal Worte;
stark gesprochen an der Tür ins Freie
zwangen sie die Pforte.
Oder waren diese Küsse Schreie …

Schreie auf so schönen Hügeln, wie sie
Deine Brüste sind. Der Himmel schrie sie
in den Jugendjahren seiner Stürme.

Wie die Vögel, welche an den großen
Glocken wohnen in den Glockenstühlen,
plötzlich von erdröhnenden Gefühlen
in die Morgenluft gestoßen
und verdrängt in ihre Flüge
Namenszüge
ihrer schönen
Schrecken um die Türme schreiben:

können wir bei diesem Tönen
nicht in unsern Herzen bleiben

Rainer Maria Rilke

Du aber warst schon da

Du aber warst schon da
die stille Kraft der innigen Instinkte.
Du wachtest. Und Dir winkte,
was in der Luft geschah.
Ein Wandeln dort, was wars für die im Haus?
Sie hatten keinen Aufblick hin, sie sorgten.
Doch aus den Tagen, die sie knapp vom Schicksal
borgten,
trat ich durch Dich ins Himmlische hinaus.
Wie war mir schon des Schauens Raum erschlossen
in Stuben voll Verdruss

Schwindende,
Du kennst die Türme nicht

Schwindende, Du kennst die Türme nicht.
Doch nun sollst Du einen Turm gewahren
mit dem wunderbaren
Raum in Dir. Verschließ Dein Angesicht.
Aufgerichtet hast Du ihn
ahnungslos mit Blick und Wink und Wendung.
Plötzlich starrt er von Vollendung,
und ich, Seliger, darf ihn beziehn.
Ach wie bin ich eng darin.
Schmeichle mir, zur Kuppel auszutreten:
um in Deine weichen Nächte hin
mit dem Schwung schoßblendender Raketen
mehr Gefühl zu schleudern, als ich bin.

Rainer Maria Rilke

Wie rief ich Dich

Wie rief ich Dich. Das sind die stummen Rufe,
die in mir süß geworden sind.
Nun stoß ich in Dich Stufe ein um Stufe
und heiter steigt mein Samen wie ein Kind.
Du Urgebirg der Lust: auf einmal springt
er atemlos zu Deinem innern Grate.
O gib Dich hin, zu fühlen wie er nahte;
denn Du wirst stürzen, wenn er oben winkt.

Du Prüferin,
Du nimmst es so genau

Du Prüferin, Du nimmst es so genau.
Genauem Beter wird der Gott genauer.
Ich ward ein Gott der Trauer.
Du aber wirst mich, überhelle Frau,

vielleicht erheitern. Wenn Du nur bestehst
und, an den doch nicht Brauchbaren vorüber,
in Deiner ganzen Strahlung, um nichts trüber,
dem Einzigen entgegengehst.

O reiß zu ihm die Weiten alle mit,
die in Dir wehen. Deine Freimut kann es.
Und da soll nichts beschränken Deinen Schritt.
Gibt es ihn nicht, so hast Du *mich* geliebt:
den Gott der Liebe, statt des Liebes-Mannes;
denn keine weiß wie Du, dass es Mich gibt.

Rainer Maria Rilke

O Funkenglück
aus dem Herzfeuerstein

O Funkenglück aus dem Herzfeuerstein
durch harten Aufblick klingend ausgeschlagen.
Mitten im langen Leiden-hören-sagen
sprühendes Glück aus dem Herzfeuerstein.

Und darfst Du wünschen, dass das Leben finge
und die Verzehrung sei, die ihm entfuhr?
Du lebtest längst, als liebtest Du die Dinge
in ihrem eingefriedigten Contur.

Da rauscht das Herz

Da rauscht das Herz. Was stärkt, was unterbricht,
was übertönt das Rauschen seines Ganges?
Oft war ein Frohes feindlich und ein Banges
war mehr als Beistand. Ach, wir wissen nicht.

Rainer Maria Rilke

Nicht dass uns, da wir (plötzlich) erwachsen sind

Nicht dass uns, da wir (plötzlich) erwachsen sind
und plötzlich mit-schuldig an unvor-
denklicher Schuld der Erwachsenen; Mitwisser plötzlich
aller Gewissen –, nicht dass uns dann ein Häscher errät
und handfest hinüber zerrt und zurück
ins vergangne Gefängnis, wo von der Zeit nur
Abwässer sind, die weggeschüttete Zukunft,
draus eine Welle manchmal mit fast ihm
entgangener Hand der Gefangene aufhebt, sie
über den kahlge-
schorenen Kopf hinschüttend wie irgendein Kommen,

das nicht [ist unser Ärgstes,]; sondern die Kerker
von früh an
die sich aus unserem Atem bilden, aus einer zu zeitig
verstandenen Hoffnung, aus selber
unserem Schicksal. Aus der noch eben
rein durchdringlichen offenen Luft, aus jedem
Geschauten.

Wie so mag ein Mädchen auf einmal durch Gitter
seiner Noch-Kindheit den Liebbaren sehn, getrennter
als in Legende. Ihm gegenüber
aufschaun, um ins Vorfrauliche traurig
abzugleiten von ihm.

O der Getrennten sind mehr. Jahrzehnt und Jahrtausend
von Gesicht zu Gesicht. Und zwischen Erkannten
steht vielleicht im Kerker der Kindheit das besser,
das unendlich berechtigte Herz.

[Mann, sei wie ein Engel,
wenn die Begegnung geschieht und es geht noch das Mädchen
eingelassen einher im Gleichnis der Kindheit.
[Nicht ein Begehrender, welcher bestünde]
Sei wie ein Engel. Lass sie nicht rückwärts. Weiter
gib ihr die Freiheit. Über das bloße
Lieben gib ihr die Gnade der Liebe. Bewusstsein
gib ihr der Ströme. Kühnheit der Himmel
stürze um sie. Durch den empfundenen Herzraum
wirf ihr die Vögel]
[Kerker unsägliche, unvermutete Kerker]

Rainer Maria Rilke

Was Kühnheit war
in unserem Geschlecht

Was Kühnheit war in unserem Geschlecht,
ward in mir Furcht: denn auch die Furcht ist kühn.
Dir aber gibt das Leben endlich recht:
Aus Furcht und Kühnheit darfst Du ruhig blühn.

Da vieles fiel

Da vieles fiel, fing Zuversicht mich an.
Die Zukunft gebe, dass ich darf. Ich kann.

Rainer Maria Rilke

Was Du auch immer empfingst: des Momentes gedenke

Was Du auch immer empfingst: des Momentes gedenke
da man durch plötzlich durchsichtig geklärte Geschenke
leere gewillte Hände erkennt.
Diese Gebärde der Armut hält uns verbunden;
aber nun zeigt sich auch dies: nur durch Fülle der Stunden,
nur durch Gaben sind wir getrennt.

Wie ist doch alles weit
ins Bild gerückt

Wie ist doch alles weit ins Bild gerückt.
Wir staunens an und nennen es: das Wahre.
Und wandeln uns mit ihm im Gang der Jahre.
Und doch ist unsichtbar, was uns entzückt.

Drum sorge nicht, ob Du etwa verlörst.
Das Herz reicht weiter als die letzte Ferne.
Wenn Du die eigne Stimme steigen hörst,
so singt die Welt, so klingen Deine Sterne.

Rainer Maria Rilke

Mädchen, reift Dich der Sommertag?

Mädchen, reift Dich der Sommertag?
Abends, in warmer Hand Wachtelschlag,
steht der Liebende da.

Sieht wie Dein kleines Fenster Dich schmückt,
dass Dir Haltung und Lächeln glückt,
ahnt er von nah.

Kühl ist die Tür schon, bis morgen früh
kältet sie gründlich aus.
Aber Dein Freund ist heiß. Oh glüh,
glüh und reiß ihn ins Haus!

Schöne Liebesgedichte

Dass ich Deiner dächte am Kamine?

Dass ich Deiner dächte am Kamine?
Nein, Du irrst, ich lese. – Ach, Du weinst?
Kannst Du wollen, dass ich wieder diene?
Denn ich liebte nicht: ich diente einst.

Du bezwangst, was noch in mir des Knaben
Trotz und Widerstand und Schwäche war,
ich verschrieb mit blutenden Buchstaben
Dir mein erstes eignes Jahr –

Statt zu reiten, Olga, statt zu jagen,
kniet ich bei Dir, *während jeder ging
kniet ich*, Seidenes um mich geschlagen,
das von Deiner Gnade niederhing.

Fühltest Du dann immer, dass ich kniete?
Oder wusstest Du: er sieht nicht her? –
Ach, ich war die Muschel, Aphrodite,
die Dich trug, und in mir war das Meer.

Rainer Maria Rilke

Lass mich sanft in
Deinem Tagebuche

Lass mich sanft in Deinem Tagebuche
blättern, Urgroßtante, Ahnin, lass –.
Ich weiß selbst nicht, welchen Satz ich suche.
Unruh, Zweifel, Sorge, Liebe, Hass –

alles dieses gilt nicht mehr das gleiche.
Wüsstest Du, wie sehr wir anders sind!
Längst zerfiel die Lieblingsbank am Teiche –
Und Dein Wind, einst Liebliche, Dein Wind …

Dein: weil er so eingeweiht das leichte
Haar Dir löste aus dem Blumen-Ring –,
Dich verließ und drüben Dich erreichte,
winkend schied und wieder Dich empfing –,

kann er noch entstehn aus unsrer Luft?
Oh auch uns umdrängt es frühlingsüber.
Oh auch uns ist Wind Gefahr –, und Duft
schon Entscheidung … Aber *was* ward trüber?

Kummer? – Tante, oh, ihr hattet ihn!
Und ihr littet gut –, ihr wart nicht weichlich,
doch ein Mond war, der euch unvergleichlich
durch die dichteste Verhängnis schien.

Rose riss in Deinen lieben Finger
ihres Dornes kurzen Namenszug –,
Krankheit, Ahnung –, keines war geringer,
jeder ging durchs starke Haus und trug

Schicksal. Briefe drangen ein, selbst Zeitung
wirkte schon ins Wartende hinein;
Kinder trieben ihre Vorbereitung,
und Erwachsne mussten *sein* – :

Alles dieses lässt sich kaum verändern.
Ja, ihr kanntet schon den Flackergeist,
der in plötzlich aufgerührten Ländern
die Paläste niederreißt –;

meintet fast, ihr hättets überstanden,
wenn nach manchem bös bedrängten Jahr
schließlich doch ein Übriges vorhanden
und die Ernte leidlich war –.

Selbst das Wilde hatte seine Ehre,
neu aus Untergang gedieh Paris –,
rund ins Heitre stieg die Montgolfière
(wie's ein Kupfer im Kalender wies –);
vieles hob sich rasch, um rasch zu stürzen,
und vielleicht ists dies, was uns verwirrt:
dass die Zwischenräume sich verkürzen.
Urgroßtante! stünd ich wie ein Hirt

manchmal nächtens da und hätte diesen,
diesen Himmel über meinem Haupt –,
unten, unter meinem Fuß, die Wiesen –
(beide Dinge hast auch Du geglaubt)

stünde nur und ließ es mir gewähren,
– ob es nun für uns ist, oder nicht –
und die Sterne in dem Großen Bären
spannten mir das wache Angesicht

Ach, nur manchmal! und ich träte heiter
in das Haus zurück ums Morgengraun:
einig weithin. Denn ich reichte weiter
als zu Dir. Das älteste Vertraun

klärte mir mein überbrachtes Blut.
Denn was trennt uns, sag mir, von der ganzen
Welt –, ob sie nun wandelt oder ruht?
Hier November –, aber Pomeranzen

glühen irgendwo …: was hindert mich,
sie zu wissen! …
Halt! Nun will ich lesen,
unter Deines Herzens Himmelsstrich
hinbewegen mein erwärmtes Wesen.

Manchmal noch empfind ich

Manchmal noch empfind ich völlig jenen
Kinder-Jubel, *ihn:*
da ein Laufen von den Hügellehnen
schon wie Neigung schien.

Da Geliebt-Sein noch nicht band und mühte,
und beim Nachtlicht-Schein
sich das Aug schloss wie die blaue Blüte
von dem blauen Lein.

Und da Lieben noch ein blindes Breiten
halber Arme war –,
nie so ganz um Einen, um den Zweiten:
offen, arm und klar.

Was nun wieder aus den reinen Scheiten

Was nun wieder aus den reinen Scheiten
im Kamine leidenschaftlich flammt,
das war Juli, war August vor Zeiten –,
oh, wie war es innig ein-gestammt

in das Holz, aus dem es lodernd bricht!
Wär auch uns der Sommer eingeflößter,
unser Sommer, wenn er als ein größter
Tag entwölkte unser Angesicht.

Auferstehung, nannten sie's, vom Tode –
Ja, das mag ein solches Flammen sein;
denn der Tod war nie der Antipode
dessen, was sich hier dem Schein

dieser Sonne gab und ihn begehrte –.
Das zum Tröste reife Herz erkennts:
Totsein ist: das in uns umgekehrte
Brennen unsres Tempraments.

Wunderliches Wort

Wunderliches Wort: die Zeit vertreiben!
Sie zu *halten*, wäre das Problem.
Denn, wen ängstigts nicht: wo ist ein Bleiben,
wo ein endlich *Sein* in alledem? –

Rainer Maria Rilke

Sieh, der Tag verlangsamt sich

Sieh, der Tag verlangsamt sich, entgegen
jenem Raum, der ihn nach Abend nimmt:
Aufstehn wurde Stehn, und Stehn wird Legen,
und das willig Liegende verschwimmt –

Berge ruhn, von Sternen überprächtigt; –
aber auch in ihnen flimmert Zeit.
Ach, in meinem wilden Herzen nächtigt
obdachlos die Unvergänglichkeit.

Du, die ich zeitig schon begann zu feiern

Du, die ich zeitig schon begann zu feiern,
erriet ich Dich und lobte ich Dich gut?
Du Heilige, Du bliebst in Deinen Schleiern
und nur von Deinen Schleiern sang mein Blut.

Zwar ward mir immer wieder zum Vergleiche
ein lieblich mich Erfüllendes gesandt,
doch immer war, dass sie Dich nicht erreiche,
das Letzte, was die Freundin mir gestand.

O stolze Schwermut meiner Liebeszeiten!
Dies ist Dein Name. Ob er Dir entspricht?
Wie einen Spiegel hob ich oft vom Weiten
ihn Dir entgegen, – doch ich rief ihn nicht.

Rainer Maria Rilke

Heut sah ichs früh,
das Graue an den Schläfen

Heut sah ichs früh, das Graue an den Schläfen
und dicht am Mund den unbedingten Zug.
Du, die noch Kind war, wenn wir jetzt uns träfen,
wär Dir mein Herz noch Herz genug?

Da gingen wir auf diesem Wiesenpfade
an dem Spalier, das schon von Bienen summt,
und was mich sanft vertröstet, wäre Gnade,
und Sprache wär, was nun in mir verstummt.

Erschiene Dir mein Lächeln väterlicher,
nur, weil es Dich so lang erwartet hat?
Wär es Dir neu? Ach ja, so lächelt sicher
nicht einer Deiner Freunde in der Stadt.

– Nimm es wie Landschaft, würd ich sagen, kehre
Dich nicht daran, dass es Dich überwiegt –

Du, die noch Kind war, dass ich Dich entbehre,
ist das mein Sieg? Ists das, was mich besiegt?

Dies überstanden haben, auch das Glück

Dies überstanden haben, auch das Glück
ganz überstanden haben, still und gründlich, –
bald war die Prüfung stumm, bald war sie mündlich,
wer schaute nicht verwundert her zurück.

Gekonnt hats keiner; denn das Leben währt
weils keiner konnte. Aber der Versuche
Unendlichkeit! Das neue Grün der Buche
ist nicht so neu wie was uns widerfährt.

Weils keiner meistert, bleibt das Leben rein.
Ists nicht verlegne Kraft wenn ich am Morgen turne?
Und von der Kraft, die war, wie leise spricht der Stein.
Und auf dem leisen Stein wie fruchthaft schließt die
Urne.

Rainer Maria Rilke

Was für Vorgefühle
in Dir schliefen

Was für Vorgefühle in Dir schliefen –,
war es Ehrfurcht gegen Glück und Weh,
wenn Du schon in Deinen Kinderbriefen
selbst das Zeitwort ›Lieben‹ groß schriebst,
Dorothee?

Schon im Wort vorher erschrak die Endung,
so als würde es vor ihr zu hell.
Auch: es wär mir lieb –, die leichte Wendung,
schriebst Du angestrengt mit Deinem sanften
großen L.

Diese Silbe war in Deinem Herzen
immer wie ein neuer Satz. Und eh
Du ihn anfingst, wehten Deine Kerzen
leis vom Flüchten Deines leichten Atems –,
Dorothee –

Schöne Aglaja,
Freundin meiner Gefühle

Schöne Aglaja, Freundin meiner Gefühle,
unser Frohsein erreichte den Lerchenschlag
oben im Morgen. Lass uns nicht fürchten die Kühle
abends nach unserm Sommertag.

Kurve der Liebe, lass sie uns zeichnen. Ihr Steigen
soll uns unendlich rühmlich sein.
Aber auch später, wenn sie sich neigt –: wie eigen.
Wie Deine feine Braue so rein.

Gegen-Strophen

Oh, dass ihr hier, Frauen, einhergeht,
hier unter uns, leidvoll,
nicht geschonter als wir und dennoch imstande,
selig zu machen wie Selige.

Woher,
wenn der Geliebte erscheint,
nehmt ihr die Zukunft?
Mehr, als je sein wird.
Wer die Entfernungen weiß
bis zum äußersten Fixstern,
staunt, wenn er diesen gewahrt,
euern herrlichen Herzraum.
Wie, im Gedräng, spart ihr ihn aus?
Ihr, voll Quellen und Nacht.

Seid ihr wirklich die gleichen,
die, da ihr Kind wart,
unwirsch im Schulgang
anstieß der ältere Bruder?
Ihr Heilen.
Wo wir als Kinder uns schon
hässlich für immer verzerrn,
wart ihr wie Brot vor der Wandlung.

Abbruch der Kindheit
war euch nicht Schaden. Auf einmal
standet ihr da, wie im Gott
plötzlich zum Wunder ergänzt.

Wir, wie gebrochen vom Berg,
oft schon als Knaben scharf
an den Rändern, vielleicht
manchmal glücklich behaun;
wir, wie Stücke Gesteins,
über Blumen gestürzt.

Blumen des tieferen Erdreichs,
von allen Wurzeln geliebte,
ihr, der Eurydike Schwestern,
immer voll heiliger Umkehr
hinter dem steigenden Mann.

Wir, von uns selber gekränkt,
Kränkende gern und gern
Wiedergekränkte aus Not.
Wir, wie Waffen, dem Zorn
neben den Schlaf gelegt.

Ihr, die ihr beinah Schutz seid, wo niemand
schützt. Wie ein schattiger Schlafbaum
ist der Gedanke an euch

für die Schwärme des Einsamen.
[Ihr, wo alles erblindet,
Spiegel des Einhorns!]

[Oh verwandelt euch nicht!
Bleibt Unbegreifliche, auch
wenn der bemühte Beruf
euch zu Erklärlichen stellt.
Ihr seid die Anderen, selbst,
wo ihr das Ähnliche tut.]

Siehe, wir lieben nicht,
wie die Blumen

Siehe, wir lieben nicht, wie die Blumen, aus einem
einzigen Jahr; uns steigt, wo wir lieben,
unvordenklicher Saft in die Arme. O Mädchen,
dies: dass wir liebten *in* uns, nicht Eines, ein Künftiges, sondern
das zahllos Brauende; nicht ein einzelnes Kind,
sondern die Väter, die wie Trümmer Gebirgs
uns im Grunde beruhn; sondern das trockene Flussbett
einstiger Mütter –; sondern die ganze
lautlose Landschaft unter dem wolkigen oder
reinen Verhängnis –: *dies* kam Dir, Mädchen, zuvor.

Und Du selber, was weißt Du –, Du locktest
Vorzeit empor in dem Liebenden. Welche Gefühle
wühlten herauf aus entwandelten Wesen. Welche
Frauen hassten Dich da. Was für finstere Männer
regtest Du auf im Geäder des Jünglings? Tote
Kinder wollten zu Dir ... O leise, leise,
tu ein liebes vor ihm, ein verlässliches Tagwerk, – führ ihn
nah an den Garten heran, gib ihm der Nächte
Übergewicht ...
Verhalt ihn ...

Rainer Maria Rilke

Du, der mit dem Aufschlag

Du, der mit dem Aufschlag,
wie nur Früchte ihn kennen, unreif,
täglich hundertmal abfällt vom Baum der gemeinsam
erbauten Bewegung (der, rascher als Wasser, in wenig
Minuten Lenz, Sommer und Herbst hat) –
abfällt und anprallt ans Grab:
manchmal, in halber Pause, will Dir ein liebes
Antlitz entstehn hinüber zu Deiner selten
zärtlichen Mutter; doch an Deinen Körper verliert sich,
der es flächig verbraucht, das schüchtern
kaum versuchte Gesicht … Und wieder
klatscht der Mann in die Hand zu dem Ansprung, und eh Dir
jemals ein Schmerz deutlicher wird in der Nähe des immer
trabenden Herzens, kommt das Brennen der Fußsohln
ihm, seinem Ursprung, zuvor mit ein paar Dir
rasch in die Augen gejagten leiblichen Tränen.
Und dennoch, blindlings,
das Lächeln …

Die zehnte Elegie

Dass ich dereinst, an dem Ausgang der grimmigen Einsicht,
Jubel und Ruhm aufsinge zustimmenden Engeln.
Dass von den klar geschlagenen Hämmern des Herzens
keiner versage an weichen, zweifelnden oder
reißenden Saiten. Dass mich mein strömendes Antlitz
glänzender mache; dass das unscheinbare Weinen
blühe. O wie werdet ihr dann, Nächte, mir lieb sein,
gehärmte. Dass ich euch knieender nicht, untröstliche
Schwestern,
hinnahm, nicht in euer gelöstes
Haar mich gelöster ergab. Wir, Vergeuder der Schmerzen.
Wie wir sie absehn voraus, in die traurige Dauer,
ob sie nicht enden vielleicht. Sie aber sind ja
unser winterwähriges Laub, unser dunkeles Sinngrün,
eine der Zeiten des heimlichen Jahres –, nicht nur
Zeit –, sind Stelle, Siedelung, Lager, Boden, Wohnort.

Freilich, wehe, wie fremd sind die Gassen der Leid-Stadt,
wo in der falschen, aus Übertönung gemachten
Stille, stark, aus der Gussform des Leeren der Ausguss
prahlt: der vergoldete Lärm, das platzende Denkmal.
O, wie spurlos zerträte ein Engel ihnen den Trostmarkt,
den die Kirche begrenzt, ihre fertig gekaufte:
reinlich und zu und enttäuscht wie ein Postamt am Sonntag.
Draußen aber kräuseln sich immer die Ränder von Jahrmarkt.
Schaukeln der Freiheit! Taucher und Gaukler des Eifers!
Und des behübschten Glücks figürliche Schießstatt,
wo es zappelt von Ziel und sich blechern benimmt,
wenn ein Geschickterer trifft. Von Beifall zu Zufall

taumelt er weiter; denn Buden jeglicher Neugier
werben, trommeln und plärrn. Für Erwachsene aber
ist noch besonders zu sehn, wie das Geld sich vermehrt, anatomisch,
nicht zur Belustigung nur: der Geschlechtsteil des Gelds,
alles, das Ganze, der Vorgang –, das unterrichtet und macht fruchtbar ...
... Oh aber gleich darüber hinaus,
hinter der letzten Planke, beklebt mit Plakaten des ›Todlos‹,
jenes bitteren Biers, das den Trinkenden süß scheint,
wenn sie immer dazu frische Zerstreuungen kaun ...,
gleich im Rücken der Planke, gleich dahinter, ists *wirklich*.
Kinder spielen, und Liebende halten einander, – abseits,
ernst, im ärmlichen Gras, und Hunde haben Natur.
Weiter noch zieht es den Jüngling; vielleicht, dass er eine junge
Klage liebt ... Hinter ihr her kommt er in Wiesen. Sie sagt:
–Weit. Wir wohnen dort draußen ... Wo? Und der Jüngling
folgt. Ihn rührt ihre Haltung. Die Schulter, der Hals –, vielleicht
ist sie von herrlicher Herkunft. Aber er lässt sie, kehrt um,
wendet sich, winkt ... Was solls? Sie ist eine Klage.

Nur die jungen Toten, im ersten Zustand
zeitlosen Gleichmuts, dem der Entwöhnung,
folgen ihr liebend. Mädchen
wartet sie ab und befreundet sie. Zeigt ihnen leise,
was sie an sich hat. Perlen des Leids und die feinen
Schleier der Duldung. – Mit Jünglingen geht sie
schweigend.

Nirgends, Geliebte, wird Welt sein, als innen

Nirgends, Geliebte, wird Welt sein, als innen. Unser Leben geht hin mit Verwandlung. Und immer geringer schwindet das Außen. Wo einmal ein dauerndes Haus war, schlägt sich erdachtes Gebild vor, quer, zu Erdenklichem völlig gehörig, als ständ es noch ganz im Gehirne.

Ein Gott vermags.
Wie aber, sag mir

Ein Gott vermags. Wie aber, sag mir, soll
ein Mann ihm folgen durch die schmale Leier?
Sein Sinn ist Zwiespalt. An der Kreuzung zweier
Herzwege steht kein Tempel für Apoll.

Gesang, wie Du ihn lehrst, ist nicht Begehr,
nicht Werbung um ein endlich noch Erreichtes;
Gesang ist Dasein. Für den Gott ein Leichtes.
Wann aber *sind* wir? Und wann wendet *er*

an unser Sein die Erde und die Sterne?
Dies *ists* nicht, Jüngling, dass Du liebst, wenn auch
die Stimme dann den Mund Dir aufstößt, – lerne

vergessen, dass Du aufsangst. Das verrinnt.
In Wahrheit singen, ist ein andrer Hauch.
Ein Hauch um nichts. Ein Wehn im Gott. Ein Wind.

O ihr Zärtlichen, tretet zuweilen

O ihr Zärtlichen, tretet zuweilen
in den Atem, der euch nicht meint,
lasst ihn an euren Wangen sich teilen,
hinter euch zittert er, wieder vereint.

O Ihr Seligen, o ihr Heilen,
die ihr der Anfang der Herzen scheint.
Bogen der Pfeile und Ziele von Pfeilen,
ewiger glänzt euer Lächeln verweint.

Fürchtet euch nicht zu leiden, die Schwere,
gebt sie zurück an der Erde Gewicht;
schwer sind die Berge, schwer sind die Meere.

Selbst die als Kinder ihr pflanztet, die Bäume,
wurden zu schwer längst; ihr trüget sie nicht.
Aber die Lüfte … aber die Räume …

Rainer Maria Rilke

Heil dem Geist,
der uns verbinden mag

Heil dem Geist, der uns verbinden mag;
denn wir leben wahrhaft in Figuren.
Und mit kleinen Schritten gehn die Uhren
neben unserm eigentlichen Tag.

Ohne unsern wahren Platz zu kennen,
handeln wir aus wirklichem Bezug.
Die Antennen fühlen die Antennen,
und ;die leere Ferne trug ...

Reine Spannung. O Musik der Kräfte!
Ist nicht durch die lässlichen Geschäfte
jede Störung von Dir abgelenkt?

Selbst wenn sich der Bauer sorgt und handelt,
wo die Saat in Sommer sich verwandelt,
reicht er niemals hin. Die Erde *schenkt*.

Mehr nicht sollst Du wissen als die Stele

Mehr nicht sollst Du wissen als die Stele
und im reinen Stein das milde Bild:
beinah heiter, nur so leicht als fehle
ihr die Mühe, die auf Erden gilt.

Mehr nicht sollst Du fühlen als die reine
Richtung im unendlichen Entzug –
ach, vielleicht das Kaltsein jener Steine,
die sie manchmal abends trug.

Aber sonst sei Dir die Tröstung teuer,
die Du im Gewohntesten erkennst.
Wind ist Trost, und Tröstung ist das Feuer.

Hier- und Dortsein, Dich ergreife beides
seltsam ohne Unterschied. Du trennst
sonst das Weißsein von dem Weiß des Kleides.

Rainer Maria Rilke

Wir hören seit lange die Brunnen mit

Wir hören seit lange die Brunnen mit.
Sie klingen uns beinah wie Zeit.
Aber sie halten viel eher Schritt
mit der wandelnden Ewigkeit.

Das Wasser ist fremd und das Wasser ist Dein,
von hier und *doch* nicht von hier.
Eine Weile bist Du der Brunnenstein,
und es spiegelt die Dinge in Dir.

Wie ist das alles entfernt und verwandt
und lange enträtselt und unerkannt,
sinnlos und wieder voll Sinn.

Dein ist, zu lieben, was Du nicht weißt.
Es nimmt Dein geschenktes Gefühl und reißt
es mit sich hinüber. Wohin?

Wir sind nur Mund.
Wer singt das ferne Herz

Wir sind nur Mund. Wer singt das ferne Herz,
das heil inmitten aller Dinge weilt?
Sein großer Schlag ist in uns eingeteilt
in kleine Schläge. Und sein großer Schmerz
ist, wie sein großer Jubel, uns zu groß.
So reißen wir uns immer wieder los
und sind nur Mund. Aber auf einmal bricht
der große Herzschlag heimlich in uns ein,
so dass wir schrein –,
und sind dann Wesen, Wandlung und Gesicht.

Rainer Maria Rilke

Wie, für die Jungfrau, dem, der vor ihr kniet, die Namen

Wie, für die Jungfrau, dem, der vor ihr kniet, die Namen
zustürzen unerhört: Stern, Quelle, Rose, Haus,
und wie er immer weiß, je mehr der Namen kamen,
es reicht kein Name je für ihr Bedeuten aus –

… so, während Du sie siehst, die leichthin ausgespannte
Mitte des Kaschmirshawls, die aus dem Blumensaum
sich schwarz erneut und klärt in ihres Rahmens Kante
und einen reinen Raum schafft für den Raum …:

erfährst Du dies: dass Namen sich an ihr
endlos verschwenden: denn sie ist die Mitte.
Wie es auch sei, das Muster unsrer Schritte,
um eine solche Leere wandeln wir.

Gib Deinem Herzen ein Zeichen

Gib Deinem Herzen ein Zeichen,
dass die Winde sich drehn.
Hoffnung ist ohne gleichen
wenn sie die Göttlichen sehn.

Richte Dich auf und verharre
still in dem großen Bezug;
leise löst sich das Starre,
milde schwindet der Bug.

Risse entstehn im Verhängnis
das Du lange bewohnt,
und in das dichte Gefängnis
flößt sich ein fühlender Mond.

Rainer Maria Rilke

Erfahren in den flutenden Verkehren

… Erfahren in den flutenden Verkehren,
die durch die wehrlos dichten Wände ziehn,
war er entschlossen, keine zu entbehren,
der Stimmen …, und sie hielten sich an ihn.

Sie kamen sanft wie der verschwebte Samen,
der oft vom Park her in die Fenster drang;
er kannte nicht den reinen Blumennamen,
der in ihm wuchs aus ihrem Untergang …

Nichts blieb so schön

Nichts blieb so schön. Ich war damals zu klein.
Ein Nachmittag. Sie wollten plötzlich tanzen
und rollten rasch den alten Teppich ein.
(Was für ein Schimmer liegt noch auf dem Ganzen.)

Sie tanzte dann. Man sah nur sie allein.
Und manchesmal verlor man sie sogar,
weil ihr Geruch die Welt geworden war,
in der man unterging. Ich war zu klein.

Wann aber war ich jemals groß genug,
um solchen Duftes Herr zu sein?
Um aus dem unbeschreiblichen Bezug
herauszufallen wie ein Stein? –

Nein, dies blieb schön! Ihr blumiger Geruch
in diesem Gartensaal an jenem Tag.
Wie ist er heil. Nie kam ein Widerspruch.
Wie ist er mein. Unendlicher Ertrag.

Rainer Maria Rilke

Dies ist Besitz:
dass uns vorüberflog

Dies ist Besitz: dass uns vorüberflog
die Möglichkeit des Glücks. Nein, nicht einmal.
Un-Möglichkeit sogar; nur ein Vermuten,
dass dieser Sommer, dieser Gartensaal, –
dass die Musik hinklingender Minuten
unschuldig war, da sie uns rein betrog.

Du, schon Erwachsene, wie denk ich Dein.
Nicht mehr wie einst, als ein bestürztes Kind,
nun, beinah wie ein Gott, in seiner Freude.
Wenn solche Stunden unvergänglich sind,
was dürfte dann das Leben für Gebäude
in uns errichten aus Geruch und Schein.

Alles ist mir lieb,
die Sommersprossen

Alles ist mir lieb, die Sommersprossen
und die Spange, die den Ärmel schloss;
oh wie unerhört und unverflossen
blieb die Süßigkeit, drin nichts verdross.

Taumelnd stand ich, in mir hingerissen
von des eignen Herzens Überfluss,
in den kleinen Fingern, halbzerbissen,
eine Blüte des Konvolvulus. –

Oh wie will das Leben übersteigern,
was es damals, schon erblüht, beging,
als es von dem eigenen Verweigern
wie von Gartenmauern niederhing.

Auch dies ist möglich:
zu sagen: Nein

Auch dies ist möglich: zu sagen: Nein.
Und stolz bei den Knaben zu bleiben;
statt eines Mädchens Widerschein
in sich zu übertreiben.

Sind die Jünglinge später vergleichbar
einer so sanften Gewalt?
Ach, auch der Freund bleibt im Hinterhalt,
rein unerreichbar.

Übe Dich schweigend am Zarten und Harten.
Manche, die Dir leise begegnen,
werden Dich segnen, wider Erwarten.
Werden Dich segnen.

Wie geschah es?
Es gelang zu lieben

Wie geschah es? Es gelang zu lieben,
da noch in der Schule nichts gelang!
Das Unendliche bleibt unbeschrieben
zwischen Auf- und Niedergang.

Heimlich hat es sich in *dem* vollzogen,
dessen Mund nicht mündig war;
doch das Herz beging den großen Bogen
um das namenlose Liebesjahr.

Was war Mahlzeit, Schule, Ballspiel, Strafe,
was war Wachen, was war Schlaf?
da in jäh geordneter Oktave
aller Zukunft Klang zusammentraf.

Rainer Maria Rilke

Oh so war es damals schon genossen

Oh so war es damals schon genossen,
und das Herz nahm überhand, –
während noch das Leben unentschlossen
um die Knabenspiele stand.

Damals ward ihm Übermaß gegeben,
damals schon entschied sich sein Gewinn;
ihn zu messen, später, war das Leben, –
ihn zu fassen, reichte hin.

Ach, sie versank, sie versank

Ach, sie versank, sie versank …
Im Leben? Im Grabe?
Steht eine Gartenbank
neben dem Grab?

Und wo bin ich, der untröstliche Knabe?

Oder im Leben … Wohin?
Wo man sich flacher verliert,
still in die Brust.
Wo den Verlust
nie eine Blume ziert.

Wo ich nicht bin.

Rainer Maria Rilke

Berühre ruhig mit dem Zauberstabe

Berühre ruhig mit dem Zauberstabe
das Ungenaue, das Du um mich scharst,
und Du wirst wieder wissen, wie Du Knabe
und in der Dinge Freundschaft warst.

Berühre nochmals, und es wird sich zeigen,
dass Dich die Liebende empfing,
weil aller Glanz, den Himmlische verschweigen,
aus Deinem Neigen in sie überging.

Ein drittes Mal berühr, um zu erfahren,
dass Macht sich gibt und sich entzieht,
und nun sei rein in Deinem Offenbaren
und sage dienend, was geschieht.

Weißt Du noch: fallende Sterne

Weißt Du noch: fallende Sterne, die
quer wie Pferde durch die Himmel sprangen
über plötzlich hingehaltne Stangen
unsrer Wünsche – hatten wir so viele? –
denn es sprangen Sterne, ungezählt;
fast ein jeder Aufblick war vermählt
mit dem raschen Wagnis ihrer Spiele,
und das Herz empfand sich als ein Ganzes
unter diesen Trümmern ihres Glanzes
und war heil, als überstünd es sie!

Rainer Maria Rilke

An der sonngewohnten Straße

An der sonngewohnten Straße, in dem
hohlen halben Baumstamm, der seit lange
Trog ward, eine Oberfläche Wasser
in sich leis erneuernd, still' ich meinen
Durst: des Wassers Heiterkeit und Herkunft
in mich nehmend durch die Handgelenke.
Trinken schiene mir zu viel, zu deutlich;
aber diese wartende Gebärde
holt mir helles Wasser ins Bewusstsein.

Also, kämst Du, braucht ich, mich zu stillen,
nur ein leichtes Anruhn meiner Hände,
sei's an Deiner Schulter junge Rundung,
sei es an den Andrang Deiner Brüste.

Zweite Antwort für E. M.

Ach, wie beschäftigt wir sind,
weil die Libellen einander nicht
genügend anstaunen,
weil ihre Pracht
ihnen einander kein Rätsel ist
und kaum Versuchung,
sondern ein Gegenwert.
Genau dem, was sie opfern,
ihrer Lebenskürze genau
entspricht es, so prächtig zu sein,
und von der Pracht, die sie leicht zueinander spielt,
geht ihre Liebe nicht über.
Wir, vor Überflüssen stehen wir, Verschwendungen,
oder, plötzlich, vor zu wenig Dasein.
Über das Übermaß Aufgangs,
mit dem die Geliebte heraufglänzt,
verfügt ein sich trübender Tag.
Wind zerstreut ihren Duft,
und ein stürzender Bach überstimmt sie ...
Wer war ihr gewachsen, wer ihrer Übermacht,
wer ertrug sie auch nur,
da sie heraufkam –,
und bald schon,
da noch Mittag nicht ist,
begreift er das Andere nicht: ihre Armut.
Seine und ihre.
Oder des Reichtums Unbrauchbarkeit,
oder das nicht mehr Zugleichsein
im Reichtum.

Oder die Überflüsse verschütten ihn,
sein eignes Bewundern
war zu wagend gewölbt,
bricht!
(Tempel sind rechnender.)
Ach, sein Bewundern verpflichtete
jene Bewunderte –, aber
wer ist herrlich aus Pflicht?
Aus Entzücken war sie's vielleicht einen Augenblick,
herrlich. Und das Bewundern,
wie wo versteigert wird,
schrie den nächst höheren Preis,
immer noch höhern …,
bis die Erwerbung,
getrieben,
unter die Sterne sprang:
Sternbild,
beiden unmöglich.

Du hast aus jenem Sein
Dich mir entzogen

Du hast aus jenem Sein Dich mir entzogen,
in dem ich Dich am ehesten begriff.
Jetzt schwanke ich, ein steuerloses Schiff,
auf eines grenzenlosen Meeres Wogen.

Sag, warum hast Du mich um Dich betrogen,
Wegweiser, trügerischer Regenbogen,
der Brücke scheint und Ziel? Wie viele Meilen
irrte ich schon? – – Mein Kind, ich liebe Dich.

Doch horche auf: ich bin zu königlich
um meinen Ruhm mit meinem Kleid zu teilen.
Gib Dich mir selbst. Nicht der Gestalt, dem Kleid.
Wunschlos und schmerzlos. Sieh: ich bin bereit.

Die Liebenden
(Erika und Melitta)

Bist Du's? Oh sei's!
Wandle Dich, wenn Du's nicht bist,
werde, was keiner vergisst,
bieg mir den Kreis.

Lauter Beweis
geht von Dir aus. Meine Arme sind
aufgeschlagen von Deinem Wind.
Bist Du's? Oh sei's!

Zeig Dich mir leis,
so wie Musik, die man wiedererkennt,
durch die Luft, die sie bringt, von ihr getrennt …
Bist Du's? Oh sei's!

Flamme und Eis
schließen Dich ein wie ein einziger Brand.
Siehe, ich warte abgewandt:
Bist Du's? Oh sei's!

Ach, wie bist Du dennoch, Wunderbare

Ach, wie bist Du dennoch, Wunderbare,
mir im Innersten verhundertfacht:
Jahreszeit im längsten meiner Jahre,
dunkler Tag und helle Nacht.
Neue Blumen riefest Du aus meiner
jungen Erde, die sich Dir ergab,
niemals öffneten sich Kelche reiner
als geweckt von Deinem Zauberstab.
Meine Vögel bauten nicht, sie sangen …
Oh bewahre mir den schönsten Schrei:
Dass in Dir dem wagenden Verlangen
reines Maß gegeben sei.

Rainer Maria Rilke

Wie viel Abschied
ward uns beigebracht

Wie viel Abschied ward uns beigebracht,
jedes Mal so oft wir uns begrüßten,
wie viel Morgen war in unsrer süßsten
Nacht gelöst und übertraf die Nacht.

Alles ist den Liebenden verteilter,
jeder Teil hat Glanz des Gegenteils;
Glücke stürzen sich mit übereilter
Sorge in die Bahn des nächsten Pfeils.

Doch der Gott zeigt niemals zwei Gesichter
und hat nicht Gefallen am Verrat,
nur: er ist ein Bringer und Verzichter,
und sein Mund hat beides gleich bejaht.

Einmal nachts

Warum schützt Du mich nicht
vor diesem Grauen?
Ich wage mein Gesicht
nicht anzuschauen.

Ein Schritt, fremd und bekannt –
wen kenn ich hier? –
Du bist in anderm Land.
Ich bin bei Dir.

Rainer Maria Rilke

Und womit willst Du Glück und Leid ermessen

Und womit willst Du Glück und Leid ermessen,
als mit dem Herzen, das Dir übergeht?
Freilich, die Quelle, die zu stark stürzt, dreht
im Becher um, der sie schon fast besessen.

Doch langsam wird er diesem Übermaße
zum vollen Maß, wenn man ihn richtig hält.
Sieh, wie sie glänzt, des Überflusses Straße,
die über Deine Hände fällt …

Dein Laut klingt auf
wie ein Schritt

Dein Laut klingt auf wie ein Schritt
zwischen Kommen und Schwinden –.
Aber Dein junger Duft geht mit
und weht weiter zu Dritt
mit dem Düften der Wiesen und Linden.

Mir sagt mein Gehör, dass Du steigst –,
ach, was bin ich nicht oben,
wenn Du Raum atmest und schweigst
und Dich den offenen Fernen zeigst,
Deine leichte Ankunft zu loben.

Rainer Maria Rilke

Wär es möglich, und Du gingest neben

Wär es möglich, und Du gingest neben
mir den sommerlichen Wiesenweg –,
junge *Heide*, überleg,
könnt ich anders, als Dich weitergeben?

Ich bin jener, den man nicht erreicht,
und im Recht nur, wo ich mich erwehre.
Dicht an Deinem Herzen wär ich Schwere,
aber aus der Ferne mach ich leicht.

Nein, Du sollst mir nicht verfallen sein

Nein, Du sollst mir nicht verfallen sein
in den schwülen Liebeszimmern;
sieh, wie meine Wege ziehn und schimmern
in dem Glanz von Deinem Feuerschein.

Komm, Gefangene, ans schöne Fenster,
das mein Zeilengitter überspannt:
ein, von Deiner Seligkeit ergänzter
Himmel nimmt dahinter überhand.

Ihn den sehnend Liebenden zu zeigen,
wandte ich manch klares Angesicht …
Aber, ach, wie wäre er mein eigen:
ihn versprechen darf ich nicht.

Rainer Maria Rilke

Wenn ich mich gleich bewahre

Wenn ich mich gleich bewahre,
Zerrinn ich doch im Nu,
sammelt mich nicht das klare
und schöpferische Du.

Du kannst mich ganz zerlegen
in Regenbogenlicht
Zu Deinem Preis.

Doch gibst Du tiefern Segen
und Du zerstreust mich nicht,
mich einig Weiß.

Ich will mein Herz mit beiden Händen halten

Ich will mein Herz mit beiden Händen halten,
dass es nicht schreie in der dunklen Nacht
und nicht verfalle drängenden Gewalten,
den Schläfer weckend, welcher lang gewacht.

Nur dieses Eine: Wenn Du krank bist, sage
es mir, obwohl mirs einst an Kraft gebrach
und ich ein müdes banges Kind war … Trage
mir unsres langen Schweigens Bruch nicht nach.

Rainer Maria Rilke

An Erika

I

Oh Herz, oh Stern: vor oder quer geschoben
im Schach der Nacht, bald kühn, bald zögernd nur,–
in kleinen Siegen manchmal hingehoben
über des Turms verlorene Figur:

oh dass Du noch in diesen Spielen weilst,
auf Feldern von Unsäglichkeit und Sagnis
und, das wir spielen, der Gestalten Wagnis,
Du, immer Mitgewagte, mit mir teilst:

Auf meiner Sternenkarte such ich wieder
Dich und den graden weltischen Bezug,
der aus der starken Stellung Deiner Lieder
selbst in mein Schweigen Räume niederschlug.

Selig das Herz, das einen Stern bedeutet,
wenn es sich aus sich selber rein erregt:
oh heile Jagd: der Tierkreis wird erbeutet
von einem Stern, der Jagd im Namen trägt.

(... ja, ich bin krank, Du fragst genau zur Stunde,
da ich unendlich wusste, dass ichs bin;
allmählich sank ich ein in eine Wunde,
die offen bleibt, weil ich nicht weiß wohin
und in ihr steh. Ich steh im eignen Blut,

im Folterbad des eignen Blutes, drin,
auf einmal wach und feindlich ausgeruht,
so vieles wirrt und wühlt was ich nicht bin ...
Nicht bin: doch mit-bin, mit-war –, oft vielleicht
bereichert durch den Kampf der Gegensätze,
nun aber drängt das Fremde an die Plätze,
die ich mit seinem Beistand blind erreicht;
und will belohnt sein. Aus der Ferne des
Geschlechtes kommen alte Forderungen:
wie vieles hab ich *wider* sie errungen,
mit ihrer Kraft ... Das Ich versagt am Es.

Noch sind die Ärzte (die ich nie befragte
durch Jahre hin, der eigenen Natur
so rein vertrauend, dass sie sich behagte
in meinem Plan und ich, auf ihrer Spur ...)
noch sind die Ärzte, fragend hin und her,
unsicher, ob ich ein Erkanntes leide,
von dem sie wissen ... Und ich selber meide
den Übergang in ihre Hand aus der
des Lebens ...)

II

Dies nur als Antwort. Übertöns
mit Deiner Jugend. (dass kein Sturz sie täusche!)
Wo ist die Würde unseres Gestöhns?
: Vollzähligkeit der irdischen Geräusche.

Wir sind ja auch in das, was schreckt und stört,
von Anfang an so grenzenlos verpflichtet.
Das Tötliche hat immer mitgedichtet:
Nur darum war der Sang so unerhört.

Bereites Herz:
und wenn ich Dich belüde

Bereites Herz: und wenn ich Dich belüde,
nicht *so*, mit diesem Rohstoff meiner Not;
Du weißt es selber: Unrecht hat, wer müde
zum Leben steht und müder steht zum Tod.

Ich, der ich ausging, beide zu bejahen,
erschrecke vor dem Kampf, der Krankheit heißt;
plötzlich versagt mir an dem Allzunahen
der Raum im Herzen und das Maß im Geist.

Zu solchem Feigesein Dich rufen ... Wie?
Doch komm und schreib mir (Deine Schrift geht leise),
lass Dich in Briefe; von der Frühlingsreise
erzähl dem Freund. Warst Du in Rimini?

Rainer Maria Rilke

Begreifst Du,
wie ich rätseln muss

Begreifst Du, wie ich rätseln muss, um Dich,
fühlendes Kind, in alledem zu finden,
weil hinter Geige, Bogen, Bogenstrich
mir Hand und Arm in der Bewegung schwinden.

Dein Haar hat dieser Geige Leib gestreift,
Dein Kinn berührt sie, [Deine Schulter trägt sie]

Oh erhöhe mich nicht

Oh erhöhe mich nicht!
Wer weiß, ob ich rag.
Heb nur leise Dein Angesicht,
dass Dir mein Niederschlag
fast wie Dein eigenes Weinen sei.

Stürmt meine Stärke an Dir vorbei,
stelle Dich aufrecht in meinen Wind;
schließe die Lider vor meinem Wehn,
sei blind
vor lauter Mich-sehn.

Rainer Maria Rilke

Da ich Dir schrieb, sprang Saft

Da ich Dir schrieb, sprang Saft
auf in der männlichen Blume,
die meinem Menschentume
reich ist und rätselhaft.

Fühlst Du, da Du mich liest,
ferne Zärtliche, welche
Süße im weiblichen Kelche
willig zusammenfließt?

Dialog

– Hülf mir aus diesem vielen
Zögern die Worte entlang;
unterbrochenen Flötenspielen
fehlte der Übergang
zu dem plötzlichen Schweigen
in Deinem heißen Gesicht ...
– Tänzerinnen zeigen,
aber erklären sich nicht.

– Hast Du Dich schwebend verschwendet
an Verwandlung und Wink
und Dich anders verwendet
da ich Dich beinah empfing
so als würde mein Eigen
Dein bewegter Verzicht:
– Tänzerinnen neigen,
aber verlieren sich nicht.

– Nein, für solches Bewegen
gibt es nicht einfach ein Halt.
Wieder zu erregen
Deine leichte Gestalt,
ruf ich Flöten und Geigen ...
Ach, sie hören nicht!
– Tänzerinnen schweigen,
während ihr Raum zerbricht.

Rainer Maria Rilke

Aus unbeschreiblicher
Verwandlung stammen

Aus unbeschreiblicher Verwandlung stammen
solche Gebilde –: Fühl! und glaub!
Wir leidens oft: zu Asche werden Flammen;
doch, in der Kunst: zur Flamme wird der Staub.

Hier ist Magie. In das Bereich des Zaubers
scheint das gemeine Wort hinaufgestuft ...
und ist doch wirklich wie der Ruf des Taubers,
der nach der unsichtbaren Taube ruft.

Nachthimmel und Sternenfall

Der Himmel, groß, voll herrlicher Verhaltung,
ein Vorrat Raum, ein Übermaß von Welt.
Und wir, zu ferne für die Angestaltung,
zu nahe für die Abkehr hingestellt.

Da fällt ein Stern! Und unser Wunsch an ihn,
bestürzten Aufblicks, dringend angeschlossen:
Was ist begonnen, und was ist verflossen?
Was ist verschuldet? Und was ist verziehn?

Rainer Maria Rilke

Eine Furche in meinem Hirn

Eine Furche in meinem Hirn,
eine Linie meiner Hand:
hält die Gewohnheit stand,
wird sie mir beides verwirrn.

Rette Dich und entflieh
aus dem verengten Netz.
Wirf ein neues Gesetz
über Dich und sie.

Mausoleum

Königsherz. Kern eines hohen
Herrscherbaums. Balsamfrucht.
Goldene Herznuss. Urnen-Mohn
mitten im Mittelbau,
(wo der Widerhall abspringt,
wie ein Splitter der Stille,
wenn Du Dich rührst,
weil es Dir scheint,
dass Deine vorige
Haltung zu laut war ...)
Völkern entzogenes,
sterngesinnt,
im unsichtbaren Kreisen
kreisendes Königsherz.

Wo ist, wohin,
jenes der leichten
Lieblingin?
: Lächeln, von außen,
auf die zögernde Rundung
heiterer Früchte gelegt;
oder der Motte, vielleicht,
Kostbarkeit, Florflügel, Fühler ...

Wo aber, wo, das sie sang,
das sie in Eins sang,
das Dichterherz?
: Wind,
unsichtbar,
Windinnres.

Für Fräulein Marga Wertheimer

Was unser Geist der Wirrnis abgewinnt,
kommt irgendwann Lebendigem zugute;
wenn es auch manchmal nur Gedanken sind,
sie lösen sich in jenem großen Blute,
das weiterrinnt ...

Und ists Gefühl: wer weiß, wie weit es reicht
und was es in dem reinen Raum ergibt,
in dem ein kleines Mehr von schwer und leicht
Welten bewegt und einen Stern verschiebt.

Heb mich aus meines Abfalls Finsternissen

Heb mich aus meines Abfalls Finsternissen
in Dein Gesicht, das mich so süß erkennt.
Wie war ich, damals, zu Dir hingerissen,
in meines Herzens Element.

Nun fiel ich ab und muss mich trübe trösten
mit wirrem, wucherndem Gelüst;
Du hast den Innigen, Dir Eingeflößten,
Geliebte, nicht zuend geküsst.

Die Sehnsucht, die Du namenlos erlitten,
bricht nun in meinen Adern aus und schreit.
Wie trugst Du nur in Deinen Liebesmitten
die Leere, die den Einsamen entzweit!

O schöner Glanz des scheuen Spiegelbilds

O schöner Glanz des scheuen Spiegelbilds!
Wie darf es glänzen, weil es nirgends dauert.
Der Frauen Dürsten nach sich selber stillts.
Wie ist die Welt mit Spiegeln zugemauert

für sie. Wir fallen in der Spiegel Glanz
wie in geheimen Abfluss unseres Wesens;
sie aber finden ihres dort: sie lesens.
Sie müssen doppelt sein, dann sind sie ganz.

Oh, tritt, Geliebte, vor das klare Glas,
auf dass Du seist. Dass zwischen Dir und Dir
die Spannung sich erneue und das Maß
für das, was unaussprechlich ist in ihr.

Gesteigert um Dein Bild: wie bist Du reich.
Dein Ja zu Dir bejaht Dir Haar und Wange;
und überfüllt von solchem Selbstempfange,
taumelt Dein Blick und dunkelt im Vergleich.

Rainer Maria Rilke

Ach, an ihr und ihrem Spiegelbilde

Ach, an ihr und ihrem Spiegelbilde,
das, wie Schmuck im schonenden Etui,
in ihr dauert, abgelegt ins Milde, –
ruht der Liebende; abwechselnd sie

fühlend und ihr inneres Geschmeid …
Er: kein eignes Bild in sich verschließend;
aus dem tiefen Innern überfließend
von gewusster Welt und Einsamkeit.

Immer wieder
aus dem Spiegelglase

Immer wieder aus dem Spiegelglase
holst Du Dich Dir neu hinzu;
ordnest in Dir, wie in einer Vase,
Deine Bilder. Nennst es *Du,*

dieses Aufblühn Deiner Spiegelungen,
die Du eine Weile leicht bedenkst,
eh Du sie, von ihrem Glück bezwungen,
Deinem Leibe wiederschenkst.

Rainer Maria Rilke

So lass uns Abschied nehmen wie zwei Sterne

So lass uns Abschied nehmen wie zwei Sterne
durch jenes Übermaß von Nacht getrennt,
das eine Nähe ist, die sich an Ferne
erprobt und an dem Fernsten sich erkennt.

Mehr nicht, als das Warmsein eines Rings

Mehr nicht, als das Warmsein eines Rings,
den Du eben Dir vom Finger zögest,
und als Druck: als ob Du dies erwögest
ach: das Schwersein eines Schmetterlings ...

mehr nicht werd ich von Dir wissen, *Heide*,
an Dich glaubend, ohne (fast) Beweis,
wie das Licht im Ballsaal von der Seide,
wie die Seide von der Blume weiß.

Rainer Maria Rilke

Aber versuchtest Du dies:
Hand in der Hand mir zu sein

Aber versuchtest Du dies: Hand in der Hand mir zu sein
wie im Weinglas der Wein Wein ist.
Versuchtest Du dies.

Ankunft

In einer Rose steht Dein Bett, Geliebte. Dich selber
(oh ich Schwimmer wider die Strömung des Dufts)
hab ich verloren. So wie dem Leben zuvor
diese (von außen nicht messbar) dreimal drei Monate sind,
so, nach innen geschlagen, werd ich erst *sein*.
Auf einmal,
zwei Jahrtausende vor jenem neuen Geschöpf,
das wir genießen, wenn die Berührung beginnt,
plötzlich: gegen Dir über, werd ich im Auge geboren.

Rainer Maria Rilke

Als Du mich einst gefunden hast

Als Du mich einst gefunden hast,
da war ich klein, so klein,
und blühte wie ein Lindenast
nur still in Dich hinein.

Vor Kleinheit war ich namenlos
und sehnte mich so hin,
bis Du mir sagst, dass ich zu groß
für jeden Namen bin:

Da fühl ich, dass ich eines bin
mit Mythe, Mai und Meer,
und wie der Duft des Weines bin
ich Deiner Seele schwer ...

Elegie
an Marina Zwetajewa-Efron

O die Verluste ins All, Marina, die stürzenden Sterne!
Wir vermehren es nicht, wohin wir uns werfen, zu welchem
Sterne hinzu! Im Ganzen ist immer schon alles gezählt.
So auch, wer fällt, vermindert die heilige Zahl nicht.
Jeder verzichtende Sturz stürzt in den Ursprung und heilt.
Wäre denn alles ein Spiel, Wechsel des Gleichen, Verschiebung,
nirgends ein Name und kaum irgendwo heimisch Gewinn?
Wellen, Marina, wir Meer! Tiefen, Marina, wir Himmel.
Erde, Marina, wir Erde, wir tausendmal Frühling, wie
Lerchen,
die ein ausbrechendes Lied in die Unsichtbarkeit wirft.
Wir beginnens als Jubel, schon übertrifft es uns völlig;
plötzlich, unser Gewicht dreht zur Klage abwärts den Sang.
Aber auch so: Klage? Wäre sie nicht: jüngerer Jubel nach unten.
Auch die unteren Götter wollen gelobt sein, Marina.
So unschuldig sind Götter, sie warten auf Lob wie die Schüler.
Loben, Du Liebe, lass uns verschwenden mit Lob.
Nichts gehört uns. Wir legen ein wenig die Hand um die Hälse
ungebrochener Blumen. Ich sah es am Nil in Kôm-Ombo.
So, Marina, die Spende, selber verzichtend, opfern die Könige.
Wie die Engel gehen und die Türen bezeichnen jener zu
Rettenden,
also rühren wir dieses und dies, scheinbar Zärtliche, an.
Ach wie weit schon Entrückte, ach, wie Zerstreute, Marina,
auch noch beim innigsten Vorwand. Zeichengeber, sonst nichts.
Dieses leise Geschäft, wo es der Unsrigen einer
nicht mehr erträgt und sich zum Zugriff entschließt,
rächt sich und tötet. Denn dass es tödliche Macht hat,

merkten wir alle an seiner Verhaltung und Zartheit
und an der seltsamen Kraft, die uns aus Lebenden zu
Überlebenden macht. Nicht-Sein. Weißt Du's, wie oft
trug uns ein blinder Befehl durch den eisigen Vorraum
neuer Geburt ...Trug: *uns*? Einen Körper aus Augen
unter zahllosen Lidern sich weigernd. Trug das in uns
niedergeworfene Herz eines ganzen Geschlechts. An ein
Zugvogelziel
trug er die Gruppe, das Bild unserer schwebenden Wandlung.
Liebende dürften, Marina, dürfen so viel nicht
von dem Untergang wissen. Müssen wie neu sein.
Erst ihr Grab ist alt, erst ihr Grab besinnt sich, verdunkelt
unter dem schluchzenden Baum, besinnt sich auf Jeher.
Erst ihr Grab bricht ein; sie selber sind biegsam wie Ruten;
was übermäßig sie biegt, ründet sie reichlich zum Kranz.
Wie sie verwehen im Maiwind! Von der Mitte des Immer,
drin Du atmest und ahnst, schließt sie der Augenblick aus.
(O wie begreif ich Dich, weibliche Blüte am gleichen
unvergänglichen Strauch. Wie streu ich mich stark in die
Nachtluft,
die Dich nächstens bestreift.) Frühe erlernten die Götter
Hälften zu heucheln. Wir in das Kreisen bezogen
füllten zum Ganzen uns an wie die Scheibe des Monds.
Auch in abnehmender Frist, auch in den Wochen der Wendung
niemand verhülfe uns je wieder zum Vollsein, als der
 einsame eigene Gang über der schlaflosen Landschaft.

Ihr Mädchen seid wie die Kähne

Ihr Mädchen seid wie die Kähne;
an die Ufer der Stunden
seid ihr immer gebunden, –
darum bleibt ihr so bleich;
ohne hinzudenken,
wollt ihr den Winden euch schenken:
euer Traum ist der Teich.
Manchmal nimmt euch der Strandwind
mit bis die Ketten gespannt sind
und dann liebt ihr ihn:
Schwestern, jetzt sind wir Schwäne,
die am Goldgesträhne
die Märchenmuschel ziehn.

Noch ahnst Du nichts
vom Herbst des Haines

Noch ahnst Du nichts vom Herbst des Haines,
drin lichte Mädchen lachend gehn;
nur manchmal küsst wie fernes, feines
Erinnern Dich der Duft des Weines, –
sie lauschen, und es singt wohl eines
ein wehes Lied vom Wiedersehn.

In leiser Luft die Ranken schwanken,
wie wenn wer Abschied winkt. – Am Pfad
stehn alle Rosen in Gedanken;
sie sehen ihren Sommer kranken,
und seine hellen Hände sanken
leise von seiner reifen Tat.

Die Mädchen am Gartenhange

Die Mädchen am Gartenhange
haben lange gelacht
und mit ihrem Gesänge
wie mit weitem Gange
sich müd gemacht.

Die Mädchen bei den Zypressen
zittern: Die Stunde beginnt,
da sie nicht wissen, wessen
alle Dinge sind.

Rainer Maria Rilke

Wie kam, wie kam aus Deinem Schoß

Wie kam, wie kam aus Deinem Schoß,
Maria, so viel Lichte los
und so viel Gram?
Wer war Dein Bräutigam?

Du rufst, Du rufst, – und Du vergisst,
dass Du nicht mehr dieselbe bist,
die mir in Kühle kam.

Ich bin ja noch so blumenjung.
Wie soll ich auf den Zehn
vom Kindsein zur Verkündigung
Durch alle Deine Dämmerung
in Deinen Garten gehn?

Auch Du hast es
einmal erlebt, ich weiß

Auch Du hast es einmal erlebt, ich weiß:
Der Tag ermattete in armen Gassen,
und seine Liebe wurde zweifelnd leis –

Dann ist ein Abschiednehmen rings im Kreis:
es schenken sich die müden Mauermassen
die letzten Fensterblicke, hell und heiß,

bis sich die Dinge nicht mehr unterscheiden.
Und halb im Traume hauchen sie sich zu:
Wie wir uns alle heimlich verkleiden,
in graue Seiden
alle uns kleiden, –
wer von uns beiden
bist jetzt Du?

Rainer Maria Rilke

Ihr Mund ist wie der Mund an einer Büste

Ihr Mund ist wie der Mund an einer Büste,
der nie erklang und atmete und küsste
und doch aus einem Leben das verging
das alles, weise eingeformt, empfing
und sich nun wölbt, als ob er alles wüsste –
und doch nur Gleichnis ist und Stein und Ding …

Sinnend von Legende zu Legende

Sinnend von Legende zu Legende
such ich Deinen Namen, helle Frau.
Wie die Nächte um die Sonnenwende,
in die Sterne wachsen ohne Ende,
nimmst Du alles in Dich auf, Legende,
und umgibst mich wie ein tiefes Blau.

Aber denen, die Dich nicht erfahren,
kann ich, hülflos, nichts versprechen als:
Dich aus allen Dingen auszusparen,
so wie man in Deinen Mädchenjahren
zeichnete das Weiß des Wasserfalls.

Dies nur will ich ihnen lassen und
mich verbergen unter dem Geringen.
Unrecht tut an Dir Kontur und Mund.
Du bist Himmel, tiefer Hintergrund,
sanft umrahmt von Deinen liebsten Dingen.

Rainer Maria Rilke

Liebende und
Leidende verwehten

Liebende und Leidende verwehten
wie ein Blätterfall im welken Park.
Aber wie in seidenen Tapeten
hält sich immer noch Dein Gehn und Beten,
und die Farben bleiben still und stark.

Alles sieht man: Deiner Augen Weide
(und ein Frühlingstag geht darauf vor),
Deines Glücks geschontes Stirngeschmeide
und, allein, des Stolzes Vignentor
vor dem weiten Weg in Deinem Leide.

Doch auf jedem Bild und nirgends alt
in dem weißen, immer in dem gleichen
Kleide steht, erkennbar ohne Zeichen,
Deiner Liebe stillende Gestalt,
schlank geneigt, um etwas hinzureichen.

Wir *sind* ja. Doch kaum anders als den Lämmern

Wir *sind* ja. Doch kaum anders als den Lämmern
gehn uns die Tage hin mit Flucht und Schein;
auch uns verlangt, sooft die Wiesen dämmern,
zurückzugehn. Doch treibt uns keiner ein.

Wir bleiben draußen Tag und Nacht und Tag.
Die Sonne tut uns wohl, uns schreckt der Regen;
wir dürfen aufstehn und uns niederlegen
und etwas mutig sein und etwas zag.

Nur manchmal, während wir so schmerzhaft reifen,
dass wir an diesem beinah sterben, dann:
formt sich aus allem, was wir nicht begreifen,
ein Angesicht und sieht uns strahlend an.

Rainer Maria Rilke

Noch ruf ich nicht.
Die Nacht ist lang und kühl

Noch ruf ich nicht. Die Nacht ist lang und kühl.
Noch ruf ich Dich nicht wieder zu Gestalten.
Wann ist es Zeit, die hohle Hand zu halten
unter ein immer fließendes Gefühl?
Trinkst Du es nicht, so geht es in Dein Land
vertieft sich drin und tränkt Dir Dein Gedeihen –

Die Münze

Dass eine Münze, Fürstin, Dein Profil
in Gold geschnitten einem weiterreichte.
Du weißt: weit weiterreichte ohne Ziel
an einen Großen, der des Bildes Beichte
zu hören wüsste wie ein Orgelspiel.

Der, wenn von hoch her Deine Herrlichkeit
wie von Gebirgen in ihn niederschösse,
anwüchse und sich wie im Zorn ergösse
über die Jugend einer andern Zeit:

Jünglinge aus dem Heimatboden reißend
und (weiterrauschend in geschwelltem Schwung)
kein Haus und keinen Schutz mehr heilig heißend
und keine eingesäumte Siedelung;

wie fremde Völkerstämme lauter Ferne
mitbringend in Gefühl und Überfall,
und alle Unterworfenen wie Sterne
auswerfend in das grenzenlose All –

Dass einmal einer so ein Lied erschüfe
wenn Kommende des Zurufs und Gerichts
bedürftig sind:
müsste die Hieroglyphe
Deines an uns vergeudeten Gesichts

in einer goldnen Münze weiterdauern
und einst gefunden werden, unversehrt,
wo mans nicht denkt, bei Hirten oder Bauern,
doch: aus dem Dunkel nieerklärter Mauern
dem Finder wie seit immer zugekehrt.

Wie wenn ich, unter Hundertem, mein Herz

Wie wenn ich, unter Hundertem, mein Herz,
das überhäufte, lebend wiederfände,
und wieder nähm ich es in meine Hände,
es findend unter Hundertem, mein Herz:
und hübe es hinaus aus mir, in das,
was draußen ist, in grauen Morgenregen,
dem Tage hin, der sich auf langen Wegen
besinnt und wandelt ohne Unterlass,
oder an Abenden, der Nacht entgegen
der nahenden, der klaren Karitas …

Und hielte es, soweit ich kann, hinein
in Wind und Stille; wenn ich nicht mehr kann,
nimmst Du es dann?
Oh nimm es, pflanz es ein!
Nein, wirf es nur auf Felsen, auf Granit,
wohin es fällt; sobald es Dir entfallen,
wird es schon treiben und wird Wurzelkrallen
einschlagen in das härteste von allen
Gebirgen, welches sich dem Jahr entzieht.
Und treibt es nicht, ist es nicht jung genug,
wird es allmählich von dem Höhenzug
die Art und Farbe lernen vom Gestein
und wird daliegen unter seinen Splittern,
mit ihm verwachsen und mit ihm verwittern
und mit ihm stehen in den Sturm hinein.

Rainer Maria Rilke

Und willst Du's niederlassen in den Grund
der dumpfen Meere, unter Muschelschalen,
wer weiß, ob nicht aus seinem Röhrenmund
ein Tier sich streckt, das Dich mit seinen Strahlen
zu fassen sucht und einzuziehen und
mit Dir zu schlafen.

…lass nur irgendwo
es eine Stelle finden und nicht so
im Raume sein, dem Deine Sterne kaum
genügen können. Sieh, es fällt im Raum.

Du sollst es ja nicht, wie das Herz von Tieren,
in Deiner Hand behalten, Nacht und Tag;
wenn es nur eine Weile drinnen lag!
Du konntest in den dürftigsten Verschlag
die Herzen Deiner Heiligen verlieren,
sie blühten drin und brachten Dir Ertrag.

Der Dich liebte,
mit verlegner Pflege

Der Dich liebte, mit verlegner Pflege
Dich umgebend, weißt Du noch: ging er
nicht mit Dir auf diesem Mittelwege
mittags manchmal langsam hin und her?

Immer an derselben Stelle wendend,
(eine Hand für seine Kranke frei)
fragend, ob der Himmel nicht zu blendend
und die Erde nicht zu steinig sei;

unruhig, wenn er einmal Dich verließ
bang gebückt zu seinen neuen Pflanzen, –
während *Du* – vergangen in dem Ganzen –
ohne Sorge warst um alles dies.

Rainer Maria Rilke

Nun schließe Deine Augen

Nun schließe Deine Augen: dass wir nun
dies alles so verschließen dürfen
in unsrer Dunkelheit, in unserm Ruhn,
(wie einer, dems gehört).
Bei Wünschen, bei Entwürfen,
bei Ungetanem, das wir einmal tun,
da irgendwo in uns, ganz tief
ist nun auch dies; ist wie ein Brief,
den wir verschließen.

Lass die Augen zu. *Da* ist es nicht,
da ist jetzt nichts, als Nacht;
die Zimmernacht rings um ein kleines Licht,
(Du kennst sie gut).
Doch *in* Dir ist nun alles dies und wacht –
und trägt Dein sanft verschlossenes Gesicht
wie eine Flut ...

Und trägt nun Dich. Und alles in Dir trägt,
und Du bist wie ein Rosenblatt gelegt
auf Deine Seele, welche steigt.
Warum ist das so viel für uns: *zu sehn*?
Auf einem Felsenrand zu stehn?
Wen meinten wir, indem wir *das* begrüßten,
was vor uns dalag? ...
Ja, was war es denn?

Schließ inniger die Augen und erkenn
es langsam wieder: Meer um Meer,
schwer von sich selbst, blau aus sich her
und leer am Rand, mit einem Grund aus Grün.
(Aus welchem Grün? Es kommt sonst nirgends vor ...)
Und plötzlich, atemlos, daraus empor
die Felsen jagend, von so tief, dass sie
im steilen Steigen gar nicht wissen, wie
ihr Steigen enden soll. Auf einmal bricht
es an den Himmeln ab, dort, wo es dicht
von zu viel Himmel ist. Und drüber, sieh,
ist wieder Himmel, und bis weit hinein
in jenes Übermaß: wo ist er nicht?
Strahlen ihn nicht die beiden Klippen aus?
Malt nicht sein Licht das fernste Weiß, den Schnee,
der sich zu rühren scheint und weit hinaus
die Blicke mitnimmt. Und er hört nicht auf,
Himmel zu sein, eh wir ihn atmen.

Schließ, schließ fest die Augen.
War es dies?
Du weißt es kaum. Du kannst es schon nicht mehr
von Deinem Innern trennen.
Himmel im Innern lässt sich schwer
erkennen.
Da geht das Herz und geht und sieht nicht her.

Und doch, Du weißt, wir können also so
am Abend zugehn, wie die Anemonen,
Geschehen eines Tages in sich schließend,
und etwas größer morgens wieder aufgehn.
Und so zu tun, ist uns nicht nur erlaubt,
das ist es, was wir sollen: Zugehn lernen
über Unendlichem.

(Sahst Du den Hirten heut? Der geht nicht zu.
Wie sollte er's? Dem fließt
der Tag hinein und fließt ihm wieder aus
wie einer Maske, hinter der es Schwarz ist …)

Wir aber dürfen uns verschließen, fest
zuschließen und bei jenen dunkeln Dingen,
die längst schon in uns sind, noch einen Rest
von anderm Unfassbaren unterbringen,
wie einer, dems gehört.

Sterne hinter Oliven

Geliebter, den so vieles irre macht,
neig Dich zurück bis Du im lautern Laube
die Stellen siehst, die Sterne sind. Ich glaube
die Erde ist nicht anders als die Nacht.

Sieh, wie im selbstvergessenen Geäste
das Nächste sich mit Namenlosem mischt;
man zeigt uns dies; man hält uns nicht wie Gäste
die man nur nimmt, erheitert und erfrischt.

Wie sehr wir auch auf diesen Wegen litten,
wir haben nicht den Garten abgenützt,
und Stunden, größere als wir erbitten,
tasten nach uns und gehn auf uns gestützt.

O dann komm bis an die Türe innen
wenn Du auch zu öffnen nicht vermagst,
und ich will mein Herz von vorn beginnen
und nichts andres sein als was Du sagst.

Denk wir haben es ja schon so schwer,
Dich zu fühlen ohne Dich zu schauen.
Uns verwirrten alle diese Frauen
die wir liebten, ohne dass sie mehr

als ein Kommen und Vorüberschreiten
uns gewährten. Sag, wer waren sie?
Warum bleibt uns keine je zuseiten
und wo gehn sie alle hin, Marie?

Griechisches Liebesgespräch

Was ich schon früh als Geliebter erlernte
seh ich Dich zürnend, Geliebte, erlernen;
damals war es Dir das Entfernte,
jetzt steht in allen Sternen Dein Los.

Um Deine Brüste werden wir streiten:
seit sie wie glühend beschienen reifen,
wollen auch Deine Hände nach ihnen
greifen und sich Freude bereiten.

Werd ich vergessen? Und wenn irgendwas
viel später zu mir kommt und mich daran
erinnert: werd ich fremdhin fragen – : wann – ?
Kann Leben heißen: zu vergessen, dass

mir Seligkeit, endlose unverkürzte
an einem Tage ward der rasch verrann
und dass Dein Wesen sich in meines stürzte
aus Deinen Augen, da ich kaum begann

Dich anzusehn. Ich weiß von Dir nicht mehr;
nur kommen musstest Du um jeden Preis,
und eine Stelle in mir ist jetzt leer
für alles das von Dir was ich nicht weiß.

Der Sänger singt vor einem Fürstenkind

Du blasses Kind, an jedem Abend soll
der Sänger dunkel stehn bei Deinen Dingen
und soll Dir Sagen, die im Blute klingen,
über die Brücke seiner Stimme bringen
und eine Harfe, seiner Hände voll.

Nicht aus der Zeit ist, was er Dir erzählt,
gehoben ist es wie aus Wandgeweben;
solche Gestalten hat es nie gegeben, –
und Niegewesenes nennt er das Leben.
Und heute hat er diesen Sang erwählt:

Du blondes Kind von Fürsten und aus Frauen,
die einsam warteten im weißen Saal, –
fast alle waren bang, Dich aufzubauen,
um aus den Bildern einst auf Dich zu schauen:
auf Deine Augen mit den ernsten Brauen,
auf Deine Hände, hell und schmal.

Du hast von ihnen Perlen und Türkisen,
von diesen Frauen, die in Bildern stehn
als stünden sie allein in Abendwiesen, –
Du hast von ihnen Perlen und Türkisen
und Ringe mit verdunkelten Devisen
und Seiden, welche welke Düfte wehn.

Rainer Maria Rilke

Du trägst die Gemmen ihrer Gürtelbänder
ans hohe Fenster in den Glanz der Stunden,
und in die Seide sanfter Brautgewänder
sind Deine kleinen Bücher eingebunden,
und drinnen hast Du, mächtig über Länder,
ganz groß geschrieben und mit reichen, runden
Buchstaben Deinen Namen vorgefunden.
Und alles ist, als wär es schon geschehn.

Sie haben so, als ob Du nicht mehr kämst,
an alle Becher ihren Mund gesetzt,
zu allen Freuden ihr Gefühl gehetzt
und keinem Leide leidlos zugesehn;
so dass Du jetzt
stehst und Dich schämst.

… Du blasses Kind, Dein Leben ist auch eines, –
der Sänger kommt Dir sagen, dass Du bist.
Und dass Du mehr bist als ein Traum des Haines,
mehr als die Seligkeit des Sonnenscheines,
den mancher graue Tag vergisst.
Dein Leben ist so unaussprechlich Deines,
weil es von vielen überladen ist.

Empfindest Du, wie die Vergangenheiten
leicht werden, wenn Du eine Weile lebst,
wie sie Dich sanft auf Wunder vorbereiten,
jedes Gefühl mit Bildern Dir begleiten, –
und nur ein Zeichen scheinen ganze Zeiten
für eine Geste, die Du schön erhebst. –

Das ist der Sinn von allem, was einst war,
dass es nicht bleibt mit seiner ganzen Schwere,
dass es zu unserm Wesen wiederkehre,
in uns verwoben, tief und wunderbar:

So waren diese Frauen elfenbeinern,
von vielen Rosen rötlich angeschienen,
so dunkelten die müden Königsmienen,
so wurden fahle Fürstenmunde steinern
und unbewegt von Waisen und von Weinern,
so klangen Knaben an wie Violinen
und starben für der Frauen schweres Haar;
so gingen Jungfraun der Madonna dienen,
denen die Welt verworren war.
So wurden Lauten laut und Mandolinen,
in die ein Unbekannter größer griff, –
in warmen Samt verlief der Dolche Schliff, –
Schicksale bauten sich aus Glück und Glauben,
Abschiede schluchzten auf in Abendlauben, –
und über hundert schwarzen Eisenhauben

Rainer Maria Rilke

schwankte die Feldschlacht wie ein Schiff.
So wurden Städte langsam groß und fielen
in sich zurück wie Wellen eines Meeres,
so drängte sich zu hochbelohnten Zielen
die rasche Vogelkraft des Eisenspeeres,
so schmückten Kinder sich zu Gartenspielen, –
und so geschah Unwichtiges und Schweres,
nur, um für dieses tägliche Erleben
Dir tausend große Gleichnisse zu geben,
an denen Du gewaltig wachsen kannst.

Vergangenheiten sind Dir eingepflanzt,
um sich aus Dir, wie Gärten, zu erheben.

Du blasses Kind, Du machst den Sänger reich
mit Deinem Schicksal, das sich singen lässt:
so spiegelt sich ein großes Gartenfest
mit vielen Lichtern im erstaunten Teich.
Im dunklen Dichter wiederholt sich still
ein jedes Ding: ein Stern, ein Haus, ein Wald.
Und viele Dinge, die er feiern will,
umstehen Deine rührende Gestalt.

Schöne Liebesgedichte

Inhalt

Gedichte, die keine Überschrift haben, wurden mit ihrer ersten Verszeile in das Inhaltsverzeichnis aufgenommen.

Liebes-Lied	5
Warst Du's, die ich im starken Traum umfing	6
Das Lied der Witwe	7
Zum Einschlafen zu sagen	8
Die Stille	9
Du wirst nur mit der Tat erfasst	10
Das Volkslied	11
Nein, ich vergesse Dich nicht	12
Graue Liebesschlangen	13
Lass mich nicht an Deinen Lippen trinken	14
Aus der Trübe müder Überdrüsse	15
Oh wie fühl ich still zu Dir hinüber	16
So wie eine Türe, die nicht zubleibt	17
Dein Herz sei wie ein Nest im Unerreichten	18
Vergiss, vergiss und lass uns jetzt nur dies	19
Ein junges Mädchen: das ist wie ein Stern	20
Du duftest aus Dir hinaus	21

Inhaltsverzeichnis

Der Duft	22
Ehe	23
Initiale	24
Die Braut	25
Ich bin, Du Ängstlicher	26
Du siehst, ich will viel	27
Oft sehn sich unsre Seelen tagelang nicht	28
Deine Stube mit den kühlen Rosen	29
Ich möchte Dir ein Liebes schenken	30
Weißt Du, dass ich Dir müde Rosen flechte	31
Rose, oh reiner Widerspruch, Lust	32
Wir, in den ringenden Nächten	33
Einmal noch kam zu dem Ausgesetzten	34
Einmal kam die Frau, die reiche, reife	35
Weißt Du noch: auf Deinem Wiesenplatze	36
Liebesanfang	37
Heute will ich	38
Ich geh Dir nach	40
Das Land ist licht	41
Nicht, wie Du ihn nennst	42
Der Tod der Geliebten	43
Lösch mir die Augen aus	44
Siehe, da rief ich die Liebende	45
Ein Frauen-Schicksal	46
Opfer	47
Liebende könnten, verstünden sie's	48
Die Liebende	50
Dass ich die Früchte beschrieb	51
Und Dein Haar, das niederglitt	52
Du bist die Zukunft, großes Morgenrot	53
Da seh ich Dich	54

Du, der ichs nicht sage	55
Dich aber will ich nun	56
Welt war in dem Antlitz der Geliebten	57
Sehnsüchte irren, wenn sie weinen	58
Initiale	59
Mach mich zum Wächter Deiner Weiten	60
Oh Du bist schön. Wenn auch nicht mir	61
Tagelied	62
La Dame à la Licorne	64
Was, Geliebte	65
Dich aufdenkend wird mein Wesen erglühter	66
Einmal nahm ich zwischenmeine Hände Dein Gesicht	67
Gib mir Liebe	68
Leise ruft der Buchenwald	69
Schlaflied	70
Die Getrennten	71
Die Liebende	72
Erinnerung	74
Alle, welche Dich suchen, versuchen Dich	75
Ich finde Dich in allen diesen Dingen	76
Geliebte,	77
Dein Garten wollt ich sein zuerst	78
Östliches Taglied	79
Das Bett	80
In dem Raume, den ich in mich schaute	81
Dich zu fühlen bin ich	82
Oh wie schälst Du mein Herz aus den Schalen des Elends	83
Ich bin auf der Welt zu allein	84
So lernen wir am Hiesigen Gefühle	85
Und wenn wir uns einander zuempfanden	86
Der Freundin	87

Inhaltsverzeichnis

Durch den plötzlich schönen Garten trägst Du	88
Sind wirs, Lulu, sind wirs?	89
Sehet ein Ding, das vielfach umwunden	90
Wie der Wasser Oberflächen schweigend	91
Oft bricht in eine leistende Entfaltung	92
Du nur, einzig Du bist	93
Wo die Wurzeln ihrer Liebe ringen	94
Du aber warst schon da	96
Schwindende, Du kennst die Türme nicht	97
Wie rief ich Dich	98
Du Prüferin, Du nimmst es so genau	99
O Funkenglück aus dem Herzfeuerstein	100
Da rauscht das Herz	101
Nicht dass uns, da wir (plötzlich) erwachsen sind	102
Was Kühnheit war in unserem Geschlecht	104
Da vieles fiel	105
Was Du auch immer empfingst: des Momentes gedenke	106
Wie ist doch alles weit ins Bild gerückt	107
Mädchen, reift Dich der Sommertag?	108
Dass ich Deiner dächte am Kamine?	109
Lass mich sanft in Deinem Tagebuche	110
Manchmal noch empfind ich	113
Was nun wieder aus den reinen Scheiten	114
Wunderliches Wort	115
Sieh, der Tag verlangsamt sich	116
Du, die ich zeitig schon begann zu feiern	117
Heut sah ichs früh, das Graue an den Schläfen	118
Dies überstanden haben, auch das Glück	119
Was für Vorgefühle in Dir schliefen	120
Schöne Aglaja, Freundin meiner Gefühle	121
Gegen-Strophen	122

Inhaltsverzeichnis

Siehe, wir lieben nicht, wie die Blumen	125
Du, der mit dem Aufschlag	126
Die zehnte Elegie	127
Nirgends, Geliebte, wird Welt sein, als innen	129
Ein Gott vermags. Wie aber, sag mir	130
O ihr Zärtlichen, tretet zuweilen	131
Heil dem Geist, der uns verbinden mag	132
Mehr nicht sollst Du wissen als die Stele	133
Wir hören seit lange die Brunnen mit	134
Wir sind nur Mund. Wer singt das ferne Herz	135
Wie, für die Jungfrau, dem, der vor ihr kniet, die Namen	136
Gib Deinem Herzen ein Zeichen	137
Erfahren in den flutenden Verkehren	138
Nichts blieb so schön	139
Dies ist Besitz: dass uns vorüberflog	140
Alles ist mir lieb, die Sommersprossen	141
Auch dies ist möglich: zu sagen: Nein	142
Wie geschah es? Es gelang zu lieben	143
Oh so war es damals schon genossen	144
Ach, sie versank, sie versank	145
Berühre ruhig mit dem Zauberstabe	146
Weißt Du noch: fallende Sterne	147
An der sonngewohnten Straße	148
Zweite Antwort für E. M.	149
Du hast aus jenem Sein Dich mir entzogen	151
Die Liebenden *(Erika und Melitta)*	152
Ach, wie bist Du dennoch, Wunderbare	153
Wie viel Abschied ward uns beigebracht	154
Einmal nachts	155
Und womit willst Du Glück und Leid ermessen	156
Dein Laut klingt auf wie ein Schritt	157

Inhaltsverzeichnis

Wär es möglich, und Du gingest neben	158
Nein, Du sollst mir nicht verfallen sein	159
Wenn ich mich gleich bewahre	160
Ich will mein Herz mit beiden Händen halten	161
An Erika	162
Bereites Herz: und wenn ich Dich belüde	165
Begreifst Du, wie ich rätseln muss	166
Oh erhöhe mich nicht	167
Da ich Dir schrieb, sprang Saft	168
Dialog	169
Aus unbeschreiblicher Verwandlung stammen	170
Nachthimmel und Sternenfall	171
Eine Furche in meinem Hirn	172
Mausoleum	173
Für Fräulein Marga Wertheimer	175
Heb mich aus meines Abfalls Finsternissen	176
O schöner Glanz des scheuen Spiegelbilds	177
Ach, an ihr und ihrem Spiegelbilde	178
Immer wieder aus dem Spiegelglase	179
So lass uns Abschied nehmen wie zwei Sterne	180
Mehr nicht, als das Warmsein eines Rings	181
Aber versuchtest Du dies: Hand in der Hand mir zu sein	182
Ankunft	183
Als Du mich einst gefunden hast	184
Elegie*an Marina Zwetajewa-Efron*	185
Ihr Mädchen seid wie die Kähne	187
Noch ahnst Du nichts vom Herbst des Haines	188
Die Mädchen am Gartenhange	189
Wie kam, wie kam aus Deinem Schoß	190
Auch Du hast es einmal erlebt, ich weiß	191
Ihr Mund ist wie der Mund an einer Büste	192

Sinnend von Legende zu Legende	193
Liebende und Leidende verwehten	194
Wir sind ja. Doch kaum anders als den Lämmern	195
Noch ruf ich nicht. Die Nacht ist lang und kühl	196
Die Münze	197
Wie wenn ich, unter Hundertem, mein Herz	199
Der Dich liebte, mit verlegner Pflege	201
Nun schließe Deine Augen	202
Sterne hinter Oliven	205
Griechisches Liebesgespräch	206
Der Sänger singt vor einem Fürstenkind	207
Inhalt	213

Rainer Maria Rilke war der prägende Poet des frühen 20. Jahrhunderts und ist einer der bedeutendsten deutschen Lyriker überhaupt. Mithilfe der Sprache erschafft Rilke in seinen Gedichten eine Welt von außerordentlicher poetischer Kraft und subtiler Psychologie, in der ein Schwan oder ein Panther, ja sogar ein Balkon und eine Treppe zu symbolischen Spiegelungen der Innenwelt werden. Unerreicht sind seine eigenwilligen und faszinierend schönen Sprachbilder, in denen er das Leben als eine Erfahrung preist, die uns jeden Tag aufs Neue zum Kind werden lässt. Diese Erfahrung gelingt, wenn wir bereit sind, uns auf die beiden großen Pole des Menschseins – die Liebe und den Tod – vollkommen einzulassen. Mit der vertrauensvoll-liebenden Hingabe eines Kindes, das das »Leben nicht verstehen« will, geht Rainer Maria Rilke in dieser feinen Auswahl an Gedichten aus *Mir zur Feier, Das Stundenbuch, Neue Gedichte* u. a. der unablässigen *Wandlung allen Seins* auf den Grund.

www.verlagshausroemerweg.de

Sie gilt als das Urgefühl des Menschen und gerade die Schriftsteller versuchen sich ihr mit der Intensität des Wortes punktuell zu nähern: die Liebe. Nur wenigen gelingt dies jedoch mit der verspielt-melancholischen Leichtigkeit eines Kurt Tucholsky. Die hier versammelten Erzählungen »Rheinsberg. Ein Bilderbuch für Verliebte« und »Schloss Gripsholm. Eine Sommergeschichte« gleichen Pastellzeichnungen, die mit schlichten Strichen ein ganzes Universum entstehen lassen, dessen Bildkraft unerwartet fasziniert und dessen verborgene Sehnsucht gerade deswegen bezwingt, weil sie in der vordergründigen Unscheinbarkeit der Farben zugleich enthalten und gestillt ist.

Tucholskys Erzählungen schaffen dem Leser einen Raum, der es ihnen erlaubt, die Liebe zu veranschaulichen: ihre unstillbare Sehnsucht nach dem nie zu Befriedigenden, ihre neckisch-frivole Saumseligkeit, aber auch ihre unergründlichen Wünsche und destruktiven Begierden.

So skurril wie sein Kunstname ›Ringelnatz‹ sind auch die Verse des Dichters, der mit eigentlichem, weniger poetischem Namen Hans Bötticher hieß: Mal unverschämt-frivol, mal polternd, närrisch und ›knallvergnügt‹, dann wieder tiefsinnig-betrübt nehmen sie die kleinen Dinge des Lebens – eine Zwirnsrolle, eine Seifenblase, ein Stäubchen oder einen Floh –, aber auch das ›Menschlich-Allzumenschliche‹ ins Visier: Liebe, Laster, erfüllte und enttäuschte Sehnsüchte. Trotz aller Brandbreite macht die Gedichte Eines unverwechselbar: Sie sind ein zärtlich-lustvolles Bekenntnis zur Diesseitigkeit, geschrieben in einer Sprache, die ebenso wunderschön geringelt ist wie die Seepferdchen, denen dieser unvergleichliche Dichter seinen Namen entlehnte. In der vorliegenden Anthologie sind versammelt: Kinder-Verwirr-Buch, Turngedichte, Kuttel Daddeldu oder das schlüpfrige Leid und andere mehr.

Möchten Sie regelmäßig über neue Veröffentlichungen und Veranstaltungen informiert werden sowie exklusive Einblicke erhalten? Dann abonnieren Sie unseren Newsletter!

Es ist ganz einfach – besuchen Sie unsere Internetseite oder nutzen Sie den beigefügten QR-Code, um sich anzumelden.

Wir freuen uns darauf, Sie willkommen zu heißen!

Der Verlag behält sich die Verwertung des urheberrechtlich geschützten Inhalts dieses Werkes für Zwecke des Text- und Data-Minings nach § 44 b UrhG ausdrücklich vor. Jegliche unbefugte Nutzung ist hiermit ausgeschlossen.

3. Auflage 2025

© by S. Marix Verlag in der Verlagshaus Römerweg GmbH, Wiesbaden 2025
Verlagshaus Römerweg GmbH | Römerweg 10 | D-65187 Wiesbaden
+49 611 986 98 14 | info@verlagshausroemerweg.de

Lektorat: Aline Wollmer, Wiesbaden
Umschlaggestaltung: Anja Carrà, Weimar & Karina Bertagnolli, Wiesbaden
Bildnachweis: © TheWaterMeloonProject – stock.adobe.com
Satz und Bearbeitung: Medienservice Feiß, Burgwitz
Gesetzt in der Adobe Garamond Pro
Druck und Bindung: GGP Media GmbH, Pößneck

ISBN: 978-3-7374-1252-0